Erwin Moser

Zauberhafte Gute-Nacht-Geschichten

Erwin Moser

Zauberhafte Gute-Nacht-Geschichten

BELTZ
& Gelberg

Editorische Notiz
Auswahlkonzeption & Redaktion in Absprache mit Ruth Moser.
Aus folgenden Werken wurden Texte bzw. Bilder entnommen:
Der Rabe im Schnee (© 1986), *Ein seltsamer Gast* (© 1988), *Sultan Mudschi* (© 1989), *Der Siebenschläfer* (© 1991), *Der karierte Uhu* (© 1992), *Das Findelkind* (© 1994), *Mario der Bär* (© 1996), *Die geheimnisvolle Eule* (© 1997), *Der Mäusejaguar* (© 1999), *Der sanfte Drache* (© 2001), *Plim der Clown* (© 2002).

MIX
Papier | Fördert gute Waldnutzung
FSC® C089473

Dieses Buch ist erhältlich als:
ISBN 978-3-407-75720-3

Beltz Verlagsgruppe GmbH & Co. KG
Werderstraße 10, 69469 Weinheim
service@beltz.de
Das Buch erschien erstmals 2014 unter
dem Titel »Von sagenhaften Katzen und tollkühnen Bären«

Einbandillustration: Erwin Moser
Druck und Bindung: Beltz Grafische Betriebe, Bad Langensalza
Beltz Grafische Betriebe ist ein Unternehmen mit finanziellem Klimabeitrag (ID 15985-2104-1001).
Printed in Germany
4 5 6 7 29 28 27 26

Weitere Informationen zu unseren Autor:innen und Titeln finden Sie unter www.beltz.de

Inhalt

Felix Pandabär

Im Garten der beiden Mäuse Tim und Tom wuchs ein großer, gelber Kürbis. Die zwei Mäuse gingen oft in den Garten und bewunderten ihn. Manchmal setzten sie sich auch auf den Kürbis und spielten Reiter und Pferd.

Eines Tages, als sie wieder auf dem Kürbis saßen, kam Felix, der Pandabär, vorbei. Felix war ein sehr gutmütiger Bär. Ein richtiger Tollpatsch. Außerdem glaubte er alles, was man ihm sagte.

»Felix, komm zu uns her und reite mit!«, rief Tim.

»Gern«, sagte der Bär und setzte sich hinter den Mäusen auf den Kürbis.

»Hü!«, rief Tom. »Jetzt reiten wir durch den Wald! Und jetzt über eine Brücke! Klapp, klapp, klapp.«

»Aber wieso denn?«, sagte Felix-Bär. »Wir bewegen uns doch gar nicht.«

»Natürlich nicht!« Die Mäuse lachten. »Das ist doch bloß ein Kürbis, Felix, das siehst du doch. Wir spielen nur.«

»Ach so«, sagte Felix.

Als die drei genug geritten waren, spielten sie Flugzeug. Danach stellten sie sich vor, dass der Kürbis ein Schiff sei und dass sie über das Meer segelten.

Sie hatten sehr viel Spaß mit dem Kürbis. Zwei Wochen später begann der Kürbis zu faulen, da warfen ihn die Mäuse einen Abhang hinunter.

»Schade«, sagte Tom. »Aber nächstes Jahr pflanzen wir wieder Kürbisse. Vielleicht wächst dann wieder so ein schöner, großer!«

Drei Tage darauf gingen Tim und Tom Pilze suchen. Sie überquerten dabei die Brücke über den Wildbach. Plötzlich kam ein gelbes, rundes Ding den reißenden Bach herabgeschossen. Die beiden Mäuse glaubten zu träumen, als sie Felix Pandabär erkannten, der in dem Ding saß! Das Ding war nichts anderes als der Riesenkürbis, den Felix offenbar ausgehöhlt hatte. Zisch – da war Felix-Bär schon unter der Brücke durchgeschwommen und brauste schlingernd den Wasserfall hinunter.

»O Gott«, sagte Tim. »Wenn ihm nur nichts passiert ist!«

Die Mäuse liefen das Bachufer hinunter. Unterhalb des Wasserfalls fanden sie Felix-Bär vollkommen unversehrt in ruhigem Wasser schwimmen.

»Felix! Bist du verrückt?!«, riefen die Mäuse aufgeregt. »Was machst du da? Bist du von allen guten Geistern verlassen?«

»Wieso denn?«, sagte Felix-Bär ganz unschuldig. »Ich spiele Schiff. Wollt ihr mitfahren?«

Der Zauberlehrling

Es war einmal ein kleiner Bär, der lebte in einem riesigen Wald. Der kleine Bär hieß Baldwin, aber niemand rief ihn mit diesem Namen. Baldwin hatte sich nämlich einen eigenen Namen gegeben, einen Künstlernamen! Er nannte sich Pizzinini und so riefen ihn auch alle Tiere im Wald. Pizzinini klang so südländisch, so fantastisch und zauberisch. Der kleine Bär war nämlich sehr geschickt mit seinen Tatzen und wollte unbedingt Zauberkünstler werden! Einige Kunststücke beherrschte er schon. Die Tiere sahen ihm oft zu, wenn er Tannenzapfen verschwinden ließ oder Pilze zum Schweben brachte. Aber Pizzinini wollte ein ganz großer Zauberer werden!

Eines Tages, als er wieder einmal gezaubert hatte, sagte der Uhu zu ihm: »Du hast wirklich Talent, Pizzi. Aber du brauchst eine richtige Ausbildung! Ich habe da eine Bekannte, eine Eule namens Fatima. Sie wohnt in den Bergen und ist eine große Zauberin. Wenn du zu ihr gehst, nimmt sie dich bestimmt als Lehrling auf!«

Als Pizzinini das hörte, packte er seinen Koffer und machte sich auf den Weg. Nach zwei Tagen kam er im Gebirge an. Der Uhu hatte ihm den Weg genau beschrieben. Aber Pizzinini hätte sich trotzdem beinahe verirrt. Dieses Gebirge war nämlich sehr zerklüftet. Schmale Felspfade und in den Stein gehauene Stiegen führten an schwindelerregenden Abgründen entlang. Schwankende Hängebrücken verbanden die spitzen Berge und der kleine Bär musste auch durch dunkle Felstunnel gehen. Erst spät am Abend fand Pizzinini die Behausung der Eule. Mit klopfendem Herzen pochte er an die Tür. Er musste

lange warten, doch dann erschien die Eule Fatima mit einer Kerze. Der kleine Bär sagte, weshalb er gekommen war. Die Eule hörte ihm verwundert zu. »Ach, kleiner Bär«, sagte sie. »Ich habe das Zaubern längst aufgegeben. Ich bin nun eine alte Eule und weiß nicht einmal, ob ich alle diese Kunststücke noch beherrsche. Aber darüber reden wir am besten morgen. Komm jetzt herein, du bist sicher müde. Ich habe ein bequemes Sofa, darauf kannst du schlafen.«

Hat die Eule Fatima den Bär nun in die Zauberlehre genommen oder nicht? Offenbar schon, denn fünf Jahre später war der Bär Pizzinini nicht nur erwachsen, sondern auch der berühmteste Zauberkünstler im ganzen Land!

Das Badewannendampf-schlittentaxi

Markus Eisbärs liebste Jahreszeit war der Winter. Ganz klar, Eisbären mögen es gerne kalt. Je kälter, desto besser. Wäre es anders, dürften die Eisbären ja nicht Eisbären heißen. Sie müssten dann Sonnenbären oder Hitzebären heißen!

Der Eisbär Markus lebte im Gebirge. Im Sommer zog er sich auf die höchsten Berge zurück, ganz hoch oben, wo immer Eis und Schnee liegt. Markus war meistens einsam. Und im Winter, wenn der Schnee bis in die Täler hinunter lag, fühlte er sich erst recht einsam, denn die anderen Tiere lebten dann in ihren warmen Höhlen und wagten sich erst wieder heraus, wenn der Frühling kam.

Markus Eisbär sehnte sich sehr nach Gesellschaft. Er hatte die Einsamkeit gründlich satt.

Eines Tages hatte er eine Idee! Im Winter bleiben alle zu Hause, weil sie im tiefen Schnee nicht gehen können, dachte er, und weil es ihnen zu kalt ist. Ich werde ein Fahrzeug bauen, mit dem man durch den tiefsten Schnee fahren kann. Ein Schneeauto! Einen dampfbetriebenen Schlitten mit bequemen Sitzen, und dann besuche ich alle Tiere und mache mit ihnen Fahrten durch die Berge und bin nicht mehr allein!

Auf einem Schrottplatz suchte sich Markus Eisbär die Bestandteile für sein Fahrzeug zusammen: ein Fass, eine Badewanne, ein Paar Ski, Räder, Autositze, ein Lenkrad und noch einige Dinge und baute damit das Badewannendampfschlittentaxi. Es sah sehr seltsam aus, dieses Gefährt, und niemand wusste eigentlich, weshalb es funktionierte. Am

TAXI

wenigsten wahrscheinlich Markus Eisbär selber. Aber es fuhr ganz fantastisch! Kein Berg war ihm zu steil, keine Eisfläche zu glatt und keine Schneewehe zu tief. Markus' Badewannendampfschlittentaxi kannte keine Hindernisse.

In diesem Winter hielten nur wenige Tiere in den Bergen Winterschlaf. Fast alle wollten in Markus Eisbärs wundervollem Taxi befördert werden. Familie Schneehase besuchte Familie Murmeltier, der Braunbär ließ sich zum Mäuseschloss fahren, zwei Haselmäuse besuchten ihre Verwandten im Tal, ein Igel ließ sich ganze drei Tage lang durch die Berge kutschieren, und so ging das den ganzen Winter hindurch. Markus war immer ausgebucht. Das Badewannendampfschlittentaxi rauchte zwar furchtbar und leise war es auch nicht gerade, doch das störte die Fahrgäste nicht. Und Markus war in diesem Winter der glücklichste Bär der Welt!

Wenzel, der Bär

Wenzel, der Bär, hatte seinen Winterschlaf beendet. Es war vor zwei Tagen gewesen, als er nach vielen Wochen tiefen Schlafs wieder seine Augen geöffnet hatte. Die Luft in seiner Höhle war dumpf und muffig gewesen und Wenzel hatte schnell die Tür aufgemacht und war ins Freie gekrochen. Ein, zwei tiefe Atemzüge, und ein riesiger Appetit hatte sich eingestellt, ein richtiger Bärenhunger. Gott sei Dank hatte Wenzel genügend Essbares vorrätig. Honig und Früchte und Brot und manches andere, was Bären eben für ihr Leben gern essen.

Das war vor zwei Tagen gewesen. Nun saß Wenzel-Bär auf der Spitze des Felsens, in dem er seine Höhle hatte, und hielt nach dem Frühling Ausschau. Der wollte aber nicht kommen – zumindest nicht an diesem Tag. Trübe, graue Wolken bedeckten den Himmel und die Sonne war irgendwo dahinter versteckt. Ein kalter Wind ging, doch der konnte Wenzel nichts anhaben. So ein Bärenfell ist doch ein wunderbar warmes Bekleidungsstück!

Wenzel fühlte sich ein wenig einsam. So hoch oben wohnte er! Kein anderes Tier war in seiner Nachbarschaft. Ich muss an etwas Schönes, Lustiges denken, dachte Wenzel, dann wird mir dieser trübe Tag gleich heller vorkommen! Und er dachte an ein Erlebnis, das er im vergangenen Sommer gehabt hatte:

Ein Zirkus war auf der Straße neben dem Wald vorbeigezogen. Wenzel hatte den langen Zug der Wagen, in einem dichten Gebüsch verborgen, beobachtet. Plötzlich brach an einem der Wagen ein Rad! Das Gefährt stürzte um und der Käfig, der sich auf ihm befand, fiel

die Böschung hinunter. Die Tür des Käfigs sprang auf und heraus kam ein anderer Bär! Der Bär rannte sogleich auf den Wald zu, wo er Wenzel traf.

»Ich bin frei! Ich bin frei!«, rief der Zirkusbär immer wieder. »Jetzt kann ich endlich wie ein normaler Bär im Wald leben!«

»Rasch, folge mir!«, sagte Wenzel. »Ich kenne tolle Verstecke. Die Menschen werden dich nie wieder fangen!«

Zwei Wochen lang blieben Wenzel und der Zirkusbär zusammen. Sie durchstreiften die Wälder, und Wenzel zeigte seinem neuen Freund all die schönen Orte, die er so liebte. Sie badeten gemeinsam im Fluss und fingen Fische. Sie unternahmen Wanderungen ins Gebirge und plünderten einige wilde Bienenstöcke aus. In der Nacht schliefen sie auf kühlem Moos und am Morgen bewunderten sie den Sonnenaufgang. Es war wundervoll – wenigstens für Wenzel.

Der Zirkusbär indessen wurde immer trauriger. Eines Tages sagte er: »Ich kann so nicht mehr leben! Ich muss zurück zum Zirkus! Die Scheinwerfer, die Musik, der Applaus der Leute, wenn ich tanze – Wenzel, du kannst dir nicht vorstellen, wie himmlisch das ist! Waldluft ist schön und gut, aber Zirkusluft ist besser. Ich bin eben ein Zirkusbär. Ohne Applaus halt ich's nicht aus!« Und mit diesen Worten verließ er Wenzel und ging zurück zum Zirkus.

»Ach ja«, seufzte Wenzel, »der Frühling und der Sommer ...? Werden sie wohl wieder kommen?«

Ganz bestimmt, Wenzel-Bär, nur Geduld!

Der Goldschatz

In einem trockenen, heißen Land lebten einmal zwei Mäuse. Sie waren Vater und Tochter und hießen Alonso und Siri.

Siris Mutter war schon vor Jahren verstorben. Die beiden wohnten in einer ärmlichen Hütte und ernährten sich von dem bisschen Gemüse, das in dem kleinen Garten hinter der Hütte wuchs. Es war ein recht karges Leben, das sie führten. Zudem war die Gegend nicht ungefährlich. In der Wüste trieben sich nämlich wilde Räuberbanden herum und es gab dort riesige Insekten!

Die Fliegen, zum Beispiel, waren so groß wie Tauben, und die Käfer erreichten die Größe von Schildkröten. Aber von den Insekten hatten die beiden Mäuse nichts zu befürchten. Im Gegenteil! Siri hatte sich mit einer Riesenlibelle angefreundet und der dicke, grüne Käfer Bonifax war das Reittier der beiden Mäuse. Er wohnte in einem Stall neben dem Haus. Manchmal sattelten Alonso und Siri den Käfer und machten einen Ausflug in die Wüste. Siri liebte diese Ausflüge besonders. Aber der Käfer Bonifax wurde ihr mit der Zeit zu langsam. So überredete eines Tages die kleine Maus die Libelle, einen Stuhl auf ihrem Rücken festschnallen zu lassen. Seit diesem Tag machte Siri auf der Libelle weite Flugreisen durch die Wüste. Die Libelle war eine wundervolle Fliegerin und konnte enorme Strecken innerhalb kürzester Zeit zurücklegen.

Auf einem dieser Luftausflüge entdeckte Siri ein abgelegenes Tal, in dem lauter glänzende Dinge herumlagen. Sie bat die Libelle, in dem Tal zu landen. Die Maus sah nun, dass es lauter große Goldklumpen

waren! Der gesamte Talboden war mit Goldklumpen bedeckt! Siri hielt die Luft an. Das war ein Schatz! Sie nahm ein kleineres Stück Gold mit, flog schnell nach Hause und erzählte alles ihrem Vater. Die beiden Mäuse machten einen Plan zur sicheren Bergung des Goldschatzes. Am nächsten Tag sattelte Alonso den Käfer Bonifax und ritt in Richtung Goldtal. Siri stieg auf die Libelle und sicherte aus der Luft den Weg ihres Vaters. Wenn sie Räuber oder andere verdächtige Gestalten in der Wüste erblickte, flog sie zu Alonso hinunter und warnte ihn. So gelangten sie schließlich zum Goldtal. Dort beluden sie den Käfer mit Säcken voller Gold und kehrten nach etlichen Umwegen unbehelligt nach Hause zurück.

Alonso und Siri kauften sich mit dem Gold ein schönes Haus in einer Stadt, und was übrig blieb, verschenkten sie an arme Mäuse. Aber lange wohnten sie nicht in der Stadt. Es war ihnen dort zu laut. Bereits nach einem Monat bekamen sie Heimweh nach der Wüste, dem Käfer Bonifax und der Libelle und sie übersiedelten wieder in ihr kleines Wüstenhäuschen.

Der Mondballon

Kater Schubert hatte eines Nachts einen wunderschönen Traum. Er träumte von einem ungewöhnlich aussehenden Ballonluftschiff, in dem er über eine flache, endlos weite Landschaft schwebte. Wochenlang konnte er diesen Traum nicht mehr vergessen. Schließlich beschloss er, das Luftschiff aus seinem Traum zu bauen.

Der Ballon hatte die Form eines liegenden Halbmonds gehabt. Kater Schubert baute ein Holzgerüst in Form eines Halbmonds und bespannte es mit gelber Seide. Seine Frau flocht inzwischen den Ballonkorb. Und die kleine Tochter füllte vier Säcke mit Sand, die sie als Ballast brauchten. Nach einigen Wochen Arbeit war das wundersame Mondluftschiff fertig.

Die Schuberts luden Essensvorräte und warme Schlafsäcke in den Korb. Der Mond wurde mit heißer Luft gefüllt und die Reise konnte losgehen. Die drei Katzen reisten ohne Ziel, nur der Wind wusste, wohin er sie trug. Am dritten Tag ihrer Fahrt kamen sie in eine weite Ebene, die haargenau der Landschaft aus Kater Schuberts Traum glich.

»Wundervoll!«, sagte Kater Schubert. »Mir ist, also ob ich meinen Traum weiterträumte! Was wird wohl jetzt als Nächstes passieren?«

Er hatte es kaum ausgesprochen, da flog ein großer, blauer Vogel mit einem spitzen Schnabel auf das Luftschiff zu. Er landete mit einem Plumps auf dem Ballonhalbmond und begann zum Entsetzen der Katzen, ein Loch in die Bespannung zu picken. Vielleicht hielt der blaue Vogel den gelben Halbmond für eine riesige Banane? Die Kat-

zen schrien und fauchten, aber der Vogel ließ sich nicht vertreiben und machte das Loch immer größer. Die heiße Luft strömte langsam aus und der Ballon verlor immer mehr an Höhe. Bald würden sie auf dem Boden aufsetzen. Da tauchte vor ihnen in der Ebene ein seltsames Schloss auf. Die Bewohner des Schlosses würden ihnen sicher weiterhelfen. Oder hatte jemand von den Schlossbewohnern den blauen Vogel absichtlich geschickt? Sehr geheimnisvoll!

Träume von hier an diese Traumgeschichte weiter ...

Die Sterngucker

Auf dem höchsten Gipfel eines Gebirges hatte Raban, der Kater, seine Behausung bauen lassen. Und was war das für ein ungewöhnliches Haus! Ein Turm mit einer Glaskuppel darüber. Es sah fast wie ein Leuchtturm aus. Aber weit und breit war kein Meer zu sehen. Nein, dieser Turm war etwas ganz anderes. Er war ein Observatorium. Ein großes Fernrohr befand sich in der Glaskuppel, durch das Kater Raban in den Nächten die Sterne beobachtete. Einmal entdeckte Kater Raban einen Kometen, der sich der Erde näherte. Aufgeregt errechnete Raban die Bahn und die Fluggeschwindigkeit des Kometen und stellte fest, dass er in den nächsten drei Tagen dicht an der Erde vorbeisausen würde. Dabei war zu erwarten, dass sich Teile von dem Kometen lösen und als Sternschnuppen auf die Erde niedergehen würden.

Kater Raban rief sofort seinen Freund, den Bär Roland, an und erzählte ihm von seiner Entdeckung. »Du musst sofort zu mir heraufkommen!«, sagte der Kater. »Dieses einmalige Schauspiel darfst du dir nicht entgehen lassen!« Der Bär packte seine Zahnbürste und etwas Reiseproviant in seinen Rucksack und fuhr mit dem Zug in das Gebirge, in dem Rabans Observatorium stand. Einen ganzen Tag lang brauchte er noch für den Aufstieg auf den Berggipfel. Als er oben angekommen war, hatte sich das Wetter verschlechtert. Eine dichte Wolkendecke hing über dem Gebirge. Kater Raban begrüßte herzlich seinen Freund, und sie stiegen gemeinsam zur Kuppel des Observatoriums hinauf.

»Die Wolken machen mir Sorgen«, sagte der Kater. »Wahrscheinlich wird es Schnee geben. Hoffentlich ist bis morgen Nacht der Himmel wieder klar, sonst sehen wir so gut wie nichts von dem Meteoritenregen.«

Und während sie noch miteinander redeten, zischten schon die ersten drei Sternschnuppen durch die Wolkendecke. Doch die bemerkten sie leider nicht. In der Nacht kam Wind auf, der die Wolken davonwehte. Und in der Nacht darauf ging der herrlichste Sternschnuppenregen nieder, den die Erde je gesehen hatte.

Die drei Pilze

Günter, der Dachs, machte gern lange Wanderungen. Mindestens einmal im Monat packte er seinen Rucksack mit Lebensmitteln voll, setzte seinen grünen Hut auf, nahm den Wanderstock und zog los.

Manchmal kam er am Abend wieder nach Hause zurück, hie und da, wenn er besonders schöne Gegenden entdeckt hatte, dauerten seine Wanderungen auch mehrere Tage.

Einmal kam Günter in solch eine reizvolle Gegend. Viele kleine, felsige Hügel standen hier dicht nebeneinander. Auf etlichen wuchsen Bäume mit seltsam aussehenden Blätterkronen; es gab Quellen mit kristallklarem Wasser und Mulden, die ganz mit leuchtend grünem Moos bewachsen waren, in denen es sich wundervoll ausruhen ließ.

Drei Tage lang war der Dachs schon gewandert. So schön diese Gegend auch war, an diesem Tag beschloss er umzukehren. Ich gehe noch zu dem Hügel dort vorn und setze mich eine Weile unter den Baum, dachte der Dachs. Dann kehre ich um ... Als er um einen Felsen bog, stand er plötzlich drei riesigen Pilzen gegenüber. Auf jedem der Pilze saß ein Vogel. Verwundert ging der Dachs auf sie zu.

»Sei gegrüßt, Wanderer!«, sagte der große, schwarze Vogel auf dem braunen Pilz. »Du hast das große Los gezogen, weil du uns gefunden hast! All deine Sorgen haben nun ein Ende! Iss ein Stück von meinem Pilz und du wirst für immer glücklich sein!«

»Ja, und wenn du von meinem Pilz isst, wirst du nie mehr müde sein!«, rief der rote Vogel auf dem roten Pilz. Und der blaue Vogel

auf dem gelben Pilz sagte: »Wenn du von meinem Pilz isst, wirst du nie mehr hungrig sein. Dein Leben lang brauchst du nichts mehr zu essen!«

Der Dachs schob sich den Hut ins Genick und lächelte. »Klingt wirklich verlockend, was ihr mir da versprecht«, sagte er. »Aber ich glaube, eure Zauberpilze sind doch nichts für mich.«

»Was sagst du da?«, rief der schwarze Vogel. »Habe ich richtig gehört? Du willst an deinem großen Glück einfach vorübergehen?«

»Ja, genau das habe ich vor«, sagte Günter Dachs. »Seht ihr, wenn ich jetzt auf den Hügel dort hinten klettere und mich unter den Baum setze und die schöne Aussicht genieße, bin ich ohnehin glücklich. Wenn ich nicht mehr müde werden kann, kann ich auch nicht mehr spüren, wie gut es tut, wenn man sich ausruht. Und wenn ich nichts mehr zu essen brauche, kann ich die vielen guten Speisen nicht mehr genießen. Nein danke, bei mir seid ihr an den Falschen geraten. Ihr müsst auf den nächsten Wanderer warten. Wünsch euch noch einen schönen Tag!«

Damit ließ der Dachs die verblüfften Vögel auf ihren Pilzen sitzen und kletterte gelassen auf die Spitze des Hügels.

Das Flaschenunterseeboot

In einem Bungalow am Meer wohnte der Kater Helfried. Er liebte das Meer sehr, und das Rauschen der Wellen am Strand war ihm die schönste Musik. Aber Helfried war auch sehr wasserscheu. Er konnte nämlich nicht schwimmen. Manchmal wagte er sich mit einem Boot eine kurze Strecke aufs Meer hinaus. Doch sobald nur ein Wasserspritzer sein Fell berührte, bekam er große Angst und ruderte eilig wieder ans Ufer zurück. In der Nähe von Helfrieds Bungalow hatte der Mäusemechaniker und Erfinder Sigurd seine Werkstatt. Jeden Morgen, wenn Sigurd am Strand seinen Morgenspaziergang machte, traf er dort Helfried, den Kater. Und jedes Mal drehte sich ihr Gespräch um das Meer. »Ach, weißt du«, sagte Helfried oft, »es ist so schade, dass ich wasserscheu bin. Ich komme einfach nicht dagegen an. Dabei würde ich nicht nur gern über das Meer fahren, sondern auch einmal ins Wasser hinuntertauchen und mir den Meeresgrund ansehen, aber daraus wird wohl nie etwas werden. Ich werde immer nur davon träumen können.«

Sigurd, die Mechanikermaus, wollte dem Kater helfen und wusste auch schon, wie! Zwei Monate lang baute Sigurd an dem sagenhaften Flaschenunterseeboot. Zu Helfrieds Geburtstag wurde es fertig. Eines Morgens, als Helfried aufwachte und aus dem Bungalow trat, stand es da in der Morgensonne.

»Alles Gute zum Geburtstag!«, rief der Mäuserich. »Hier ist mein Geschenk für dich, Helfried!«

»Was ist das?«, fragte der Kater.

»Na, ein Unterseeboot!«, rief Sigurd. »Sieht man das nicht? Du brauchst nur durch den Flaschenhals zu kriechen und es kann losgehen. Dein Fell bleibt staubtrocken. Es kann überhaupt nichts passieren, vertraue mir.«

»Keine zehn Pferde bringen mich in dieses Ungetüm!«, rief Helfried. »Du musst verrückt sein, mir so was zuzumuten!«

Eine ganze Stunde brauchte der Mäuserich, um Helfried zu überreden. Schließlich siegte die Neugierde des Katers. Er kroch in die große Flasche, der Mäuserich folgte, verkorkte den Flaschenhals, startete den Motor und ab ging's in die wunderbare Unterwasserwelt.

Auf dem Bild sieht man die beiden auf ihrer fünfunddreißigsten Unterwasserreise. Der Kater Helfried sieht doch recht entspannt aus, nicht wahr? Längst schon hat er seine Angst vor dem Wasser verloren – dank Sigurds wundersamem Flaschenunterseeboot!

Der grüne Käfer

Eines Abends klopfte es an der Tür von Familie Mausers Erdwohnung. Hedwig Mauser öffnete verwundert, denn sie erwartete keinen Besuch. Draußen stand ein großer, dunkelgrüner Käfer. Er trug einen Koffer und lächelte strahlend. »Guten Abend, Hedwig«, sagte er. »Erkennst du mich? Ich bin Erik Grünbaum.«

»Nicht möglich«, sagte die Maus. »Der kleine Erik von nebenan. Als ich dich das letzte Mal gesehen habe, warst du sieben Jahre alt. Wo seid ihr denn hingezogen, nachdem der Sturm euren Baum umgerissen hatte? Aber komm doch herein. Albert ist auch da, die Kinder schlafen schon, wir haben nämlich zwei Kinder ...«

Der Käfer Erik wurde auch von Albert Mauser freundlich begrüßt.

Sie setzten sich im gemütlichen Erdhöhlenzimmer der Mäuse um den Tisch, tranken Tee, und der grüne Käfer Erik erzählte seine Geschichte:

Nachdem er und seine Eltern vor fünfzehn Jahren den umgefallenen Baum, der ihr Haus gewesen war, verlassen hatten, zogen sie zu Verwandten in die Stadt.

Eine große Grünkäfersippschaft wohnte dort in einer Eiche im Stadtpark. Durch den Park floss ein Bach und Erik spielte mit anderen Grünkäferkindern oft an seinem Ufer.

Eines Tages, Erik war damals zwölf Jahre alt, fiel er beim Spielen ins Wasser. Der Bach war zwar schmal, aber er floss mit ziemlicher Geschwindigkeit dahin und Erik wurde weggespült. Es gelang ihm,

sich auf ein Stück Rinde zu retten. Wie auf einem kleinen Floß trieb Erik auf dem Rindenstück immer weiter den Bach hinunter. Der Bach mündete in einen gemauerten Kanal, und Erik durchquerte unterirdisch die ganze Stadt. Der Kanal wiederum mündete in einen Fluss. Dort trieb das Rindenstück mit dem Käfer an die Außenbordwand eines Schiffes. Erik nutzte die Gelegenheit und kletterte an Bord. Gut zwei Wochen lang fuhr das Schiff flussabwärts, bevor es in einem Hafen vor Anker ging. Erik wollte nach Hause zurück und stieg auf ein anderes Schiff um. Leider fuhr dieses Schiff aufs Meer hinaus, und nach weiteren vier Wochen fand sich der Käfer in einem südamerikanischen Hafen wieder. Dort verließ er das Schiff und verbrachte die nächsten zehn Jahre im brasilianischen Urwald ...

Der Käfer erzählte und erzählte, und Herr und Frau Mauser hörten ihm mit großen Augen zu. Ob das alles auch stimmte? Wer weiß, was der Käfer noch alles erzählt hätte, wenn nicht ein Mausekind aufgewacht wäre und nach der Mama gerufen hätte!

Jedenfalls durfte der grüne Erik auf dem Wohnzimmersofa übernachten. Am nächsten Tag würde man weitersehen ...

Der Rabe im Schnee

Wenige Tage vor Weihnachten wurde es plötzlich eisig kalt und es begann heftig zu schneien. Siegfried, der Eichkater, und Jeremias, der Mäuserich, saßen in ihrem gut geheizten Turmhaus und schauten aus dem Fenster. Der Teich vor dem Turm war zugefroren und die Landschaft war bald mit einer dicken Schneedecke überzogen. Im Turmhaus bollerte der Ofen und verbreitete mollige Wärme.

»Dieses Jahr haben wir weiße Weihnachten!«, freute sich Jeremias.

»Ja«, sagte Siegfried. »Aber ich habe Sorgen, dass uns das Brennholz ausgehen könnte, wenn es weiterhin so kalt bleibt. Wir sollten in den Wald gehen und Reisig sammeln, Jeremias.«

Die beiden holten ihren Schlitten hinter der Treppe hervor und zogen los. Im Wald angekommen, klaubten sie dürre Ästchen zusammen und luden sie auf den Schlitten. Doch Siegfried und Jeremias hatten die Kälte unterschätzt. Trotz der Bewegung, die sie sich beim Reisigsammeln machten, wurde ihnen bald so kalt, dass sie ihre Pfoten nicht mehr spürten. Sie beschlossen daher, rasch heimzukehren, bevor sie sich vielleicht Erfrierungen holten.

Als sie den Wald verließen, sah Siegfried plötzlich etwas Schwarzes im Schnee liegen. Es war ein halb erfrorener Rabe! Er lag auf dem Rücken und war schon ganz steif. Aber er lebte noch! Seine Augen waren offen und ab und zu blinzelte er.

Siegfried und Jeremias luden den armen Raben auf ihren Schlitten und zogen ihn, so rasch sie konnten, nach Hause. Sie trugen den Ra-

ben ins Turmzimmer und setzten ihn neben den Ofen. Dort begann er langsam aufzutauen. Jeremias kochte Kräutertee und Siegfried massierte die starren Beine des Vogels. Sie flößten ihm vorsichtig den Tee ein und bald darauf ertönte das erste heisere »Kraaaah!«.

Nun wussten die beiden, dass der Rabe gerettet war. Anschließend steckten sie ihn ins Bett und deckten ihn gut zu.

»Am Weihnachtsabend ist er bestimmt wieder ganz gesund!«, sagte Jeremias zuversichtlich.

Der Wind heulte schauerlich um den Turm. Siegfried legte ein paar Scheite in den Ofen, dann gingen die beiden ebenfalls schlafen.

Maximilian, die Wüstenmaus

Der Mäuserich Maximilian lebte in der Stadt Mausico City. Das ist nicht zu verwechseln mit Mexico City! In Mexico City wohnen Mexikaner, in Mausico City mexikanische Mäuse. Beide Städte liegen nicht weit voneinander entfernt. Trotzdem ist Mausico City recht schwer zu finden, weil es sehr klein ist.

Dort lebte Maximilian. Er hatte eine kleine Geige, auf der er den lieben langen Tag spielte. Nur konnte Maximilian leider nicht besonders gut spielen. Mit seinem Gefiedel ging er den Mäusen von Mausico City furchtbar auf die Nerven. Eines Tages verbot ihm der Bürgermeister das Geigespielen, denn er hatte es satt, sich täglich die vielen Beschwerden der Bürger von Mausico City anzuhören.

»Geh in die Wüste hinaus!«, sagte der Bürgermeister zu Maximilian. »Spiel dort mit deiner Geige, wenn du unbedingt fiedeln willst!«

»Aber in der Wüste hört mich doch niemand«, sagte Maximilian.

»Ja, eben«, sagte der Mäusebürgermeister, »das ist ja das Gute daran! Nimm deine Geige und verschwinde.«

Maximilian wanderte also in die Wüste hinaus und sah sich nach einem neuen Publikum um. Aber außer einigen Felsen und Kakteen war da keiner. Na gut, dachte der Mäuserich, dann werde ich eben den Kakteen etwas vorspielen. Er stellte sich auf einen Stein, schloss seine Augen und fiedelte drauflos.

Während er so spielte, öffneten sich kleine Falltüren und Schlupflöcher in den Kakteen ringsum und die Köpfe seltsamer Geschöpfe wurden sichtbar. Die Kakteen waren nämlich bewohnt von den Kak-

tuswesen! Die Kaktuswesen sind sehr scheu. Normalerweise trauen sie sich nicht ans Sonnenlicht. Aber Maximilians Musik hatte sie hervorgelockt. Sie fanden Maximilians Gefiedel ganz bezaubernd, und als er geendet hatte, applaudierten sie begeistert.

Von da an ging Maximilian jeden Tag zum Geigespielen in die Wüste. Später baute er sich sogar ein kleines Haus im Kaktuswald ganz in der Nähe seines dankbaren Publikums.

Die Seeschlangen

Der Traum von Maurits, dem Kater, war es immer gewesen, eine eigene Hütte oder ein Blockhaus irgendwo in den Bergen zu besitzen. Am besten mit einem kleinen See vor der Haustür, in dem man angeln konnte. Kater Maurits war nicht reich, aber er hatte in den letzten Jahren fleißig gespart. Bald würde er genug Geld beisammenhaben, um seine Traumhütte zu kaufen. Bei einer seiner Wanderungen im Gebirge entdeckte er sie dann! Es war ein kleines Holzhaus mit Steinkamin, und es stand an einem See, der haargenau so aussah, wie ihn sich Maurits immer erträumt hatte. Er stieg zum nächsten Dorf hinunter, wo er sich im Wirtshaus nach der Hütte erkundigte. »Sie haben Glück, das Haus am See gehört zufällig mir!«, antwortete ihm der Wirt. »Für zehntausend Schilling können Sie es sofort haben!« Das war ein verblüffend niedriger Preis. Maurits überlegte nicht lang und kaufte die Hütte. Als der Kater das Wirtshaus verließ, hörte er hinter sich schallendes Gelächter. Er dachte sich nicht viel dabei und zog eine Woche später in sein Traumhaus ein. Maurits war vollkommen glücklich! Das Erste, was er machte, war, sich ans felsige Ufer zu setzen und seine Angel auszuwerfen. Diese Ruhe! Himmlisch!

Da bewegte sich plötzlich die Wasseroberfläche und drei gelb-rote Seeschlangen tauchten auf. Zwei kleine und eine große. Der Kater war vor Schreck ganz starr. Sie schauten einander einige Sekunden an, dann näherte sich die große Schlange dem Kater. Maurits sprang mit einem Schrei auf und rannte in die Hütte. Er verriegelte hastig die Tür und horchte mit klopfendem Herzen nach draußen. Es plätscherte

leise, dann war es still. Das war also der Grund, weshalb die Hütte so billig gewesen war! Riesenschlangen im See!

Kater Maurits beruhigte sich langsam und überlegte. Die Schlangen hatten im Grunde keinen gefährlichen Eindruck gemacht. Sie hatten ihn eher angesehen, als ob ... als ob sie hungrig wären und sich Futter von ihm erbetteln wollten! Könnte es sein ...?

Maurits öffnete einen Spaltbreit die Tür – ja, sie waren noch immer da. Der Kater warf nun verschiedene Lebensmittel auf die Veranda hinaus. Brot, Schinken, Käse und eine Schachtel mit Würfelzucker. Die große Schlange schnappte sich sofort den Würfelzucker, gab den beiden Kleinen etwas ab, dann tauchte sie unter und blieb für den Rest des Tages verschwunden. Sie wollte nur etwas Süßes zum Naschen! Da wusste Maurits, dass er und die Seeschlangen gute Freunde würden. Und er freute sich schon auf das Gesicht des Wirtes, wenn er ihm das erzählen würde ...

Das Baumhaus im Moor

Richard Goldhamster lebte wie ein Einsiedler. Er wohnte in einem Moor. Dort stand auf einer Insel ein uralter Baum mit einer Tür und einem Fenster. In diesem morschen, dürren Baum wohnte Richard. Der Briefträger Kurt Wasserratte brachte einmal im Monat die Post. Er musste stundenlang durch das Moor paddeln, bis er zu Richard Goldhamster kam.

Als Kurt Wasserratte im November die Post brachte, sah er eine Veränderung an Richards Baumhaus. Eine Schar schwarzer Raben hockte in den Zweigen des Baumes. Die Raben waren dabei, ein Nest zu bauen. Kurt Wasserratte vertäute das Kanu und klopfte an das Baumhaus. Kurz darauf erschien der Kopf des dicken Hamsters im Fenster.

»Richard!«, sagte die Wasserratte. »Diesmal hast du nur einen Brief bekommen. Und wegen dieses einen Briefes bin ich schon seit dem Morgen zu dir unterwegs. Wann wirst du endlich wieder zu uns in die Stadt ziehen? Hast du denn dieses Einsiedlerleben noch immer nicht satt?«

»Ach, Wasserratte«, sagte der Hamster, »ich bin nicht für das Stadtleben geeignet. Ich habe viel zu schwache Nerven für so eine hektische Umgebung, das weißt du doch. Und außerdem: Wie du siehst, habe ich Gäste bekommen, Untermieter, sozusagen. Wer mitten in der Natur lebt, ist nie allein. Ich fühle mich hier wohl, wie der Fisch im Wasser!«

»Da hast du deinen Brief«, sagte Kurt Wasserratte. »Vielleicht hast du recht. Manchmal möchte ich auch so wohnen.«

»Kannst gern bei mir einziehen, wenn du in Pension bist!«, sagte der Hamster. »Übrigens, die Dezemberpost werden die Raben vom Postamt abholen, damit du dich nicht durch den Schnee quälen musst!«

»Danke sehr!«, erwiderte Kurt Wasserratte. »Also dann, bis nächstes Jahr!«

»Wiedersehen, Herr Briefträger!«

Das Mäuseraumschiff

Eines Tages bekamen die Mäuse Manuel und Didi einen Brief von Ewald Igel, dem Erfinder. Ewald war ein guter alter Freund von ihnen. Früher hatte er ganz in der Nähe vom Baumhaus der beiden Mäuse seine Werkstatt gehabt. Seit einem Jahr war er aber verschwunden und niemand wusste, wo er hingezogen war.

»Lieber Manuel, lieber Didi«, schrieb der Igel. »Ihr müsst mich unbedingt besuchen! Ich wohne seit einem Jahr in Katzenstadt, in der Steingasse 15. Das ist eine Fabrikhalle. Habe nämlich eine tolle Erfindung gemacht! Euer Ewald Igel«

Die beiden Mäuse fuhren noch am selben Tag zu dem genialen Erfinder. Als sie die Fabrikhalle betraten, stand dort ein seltsames Ding. Es sah ein bisschen wie ein gläserner Käfer mit gläsernem Rückenschild aus oder wie eine vergrößerte Schneekuppel, in der man es schneien lassen konnte, wenn man sie schüttelte. Ewald Igel stellte seine Erfindung vor. »Das ist ein Raumschiff, liebe Mäuse«, sagte er strahlend. »Und ich habe es für euch gebaut!« Nun erst sahen Manuel und Didi, dass in der Glaskuppel ein kleines Mäusehaus stand, auf einem Fels mit jungen Sonnenblumenpflanzen, und es gab sogar einen Brunnen.

»Aber wir können doch gar kein Raumschiff steuern!«, sagte Didi.

»Ach, das ist ganz einfach!«, sagte der Igel. »Ich erkläre es euch sofort!« Ewald erklärte den Mäusen die Funktionsweise des Raumschiffs, und da Manuel und Didi schnell von Begriff waren, machten sie schon am nächsten Tag ihren ersten Probeflug! Ewald konnte nicht

mitfliegen, da er Höhenangst hatte. Noch viel schneller als eine Rakete schoss das Raumschiff hinaus ins All. Es war einfach wundervoll! Manuel und Didi umkreisten zuerst einmal die Erde, flogen dann zum guten alten Mond hinüber, schauten sich die Krater an und kehrten dann zur Erde zurück.

Die beiden Mäuse waren total begeistert von dem Raumschiff. Es ließ sich noch einfacher steuern als ein Auto und sie brannten darauf, eine ganz lange Reise durch das Weltall zu machen, zu fernen, vielleicht bewohnten Planeten natürlich. Und die Sonnenblumen in dem Raumschiff waren selbstverständlich ihr Reiseproviant. Mit so vielen Sonnenblumen zum Essen könnten sie jahrelang unterwegs sein, wenn es nötig wäre ...

Käterchen Frost

Es war ein bitterkalter, grimmiger Winter. Die große Kaninchenfamilie hatte ihre Höhle tief unter der Erde, wo es warm und gemütlich war. Die älteren Kaninchen saßen im Halbkreis beisammen und erzählten sich Geschichten. Die kleinen Kaninchen lagen schläfrig in ihren Strohbetten und hörten zu.

Das kleine Kaninchen Sebastian war besonders schläfrig. Die Gespräche der Großen hörte es weit entfernt, wie durch eine Wand aus Watte. Kurz bevor es einschlief, schnappte es einen Satz von Großvater Langohr auf: »Ja, ja, Väterchen Frost ist heuer ganz streng mit uns ...« Da Sebastian schon halb im Schlaf war, als er das hörte, verstand er »Käterchen Frost« statt »Väterchen Frost«. Und so träumte er nun von Käterchen Frost ...

Im Traum trug Sebastian Schlittschuhe. Er glitt über einen zugefrorenen See und suchte die Höhle von Käterchen Frost. Da sah er plötzlich ein Loch im Eis, einen Tunnel, der schräg hinunterführte. Sebastian sauste hinab und fand sich kurz darauf in einer großen Eishöhle wieder. Auf einem Thron aus Eis saß ein rundlicher Kater mit einem dicken, weißen Fell. Auf beiden Seiten des Throns standen glitzernde Eisblumen und zur Linken des Katers saß ein Pinguin.

»Bist du Käterchen Frost?«, fragte das Kaninchen.

»Ja«, antwortete der Kater, »der bin ich. Was wünschst du von mir, kleines Kaninchen?«

»Bitte, sei nicht gar so streng, liebes Käterchen«, bat Sebastian. »Die Kälte, die du heuer gemacht hast, ist wirklich ganz furchtbar. Es würde

vollkommen genügen, wenn du nur Schnee fallen lässt, damit alles schön weiß ist, und ein bisschen Eis kannst du auch machen. Aber sonst sollte es warm sein wie im Frühling!«

Da lachte Käterchen Frost und konnte gar nicht mehr aufhören zu lachen. Je mehr er aber lachte, desto wärmer wurde es in der Höhle und all das Eis ringsum begann zu schmelzen. Es wurde zu Wasser, und Sebastian bekam Angst, dass er ertrinken würde.

»Halt!«, rief Sebastian. »Aufhören! Bitte, sei wieder streng, Käterchen Frost!«

Doch das Käterchen konnte nicht mehr aufhören zu lachen. Das Eis schmolz immer schneller und das kalte Wasser füllte rasch die ganze Höhle. Was für ein Glück, dass Sebastian in diesem Moment aufwachte!

Das Inselversteck

Arnold Maus und Jonathan Bär waren zwei arme Fischer.

Eines Tages gerieten sie mit ihrem alten Segelboot in einen fürchterlichen Wirbelsturm. Der Sturm riss die zwei mitsamt ihrem Boot hoch in die Luft und ließ sie zwei Tage lang nicht mehr frei. Während der Zeit legte der Wirbelsturm eine Strecke von mehreren Tausend Kilometern zurück. Weit unten, im südlichen Ozean, verlor er an Kraft und setzte das Fischerboot wieder aufs Wasser.

Wie durch ein Wunder waren Boot und Besatzung unversehrt geblieben!

Nicht einmal das Segel war zerrissen.

Aber die Maus und der Bär hatten großen Hunger und Durst. Sie segelten auf gut Glück weiter nach Süden und entdeckten schließlich eine große Insel, auf der es Quellen gab und Bäume mit saftigen Früchten. Arnold Maus und Jonathan Bär gefiel es hier viel besser als zu Hause. Das Klima war angenehm mild und warm, und sie beschlossen, für immer hierzubleiben.

Einige Tage später entdeckten sie bei einer Rundreise seltsame Kegelinseln. Auf einer dieser Inseln standen Hütten. Eine Tür führte in den hohlen Felsen hinein, aber die Hütten waren unbewohnt. Wahrscheinlich waren sie ein Seeräuberversteck gewesen. Der Bär und die Maus durchsuchten die Insel nach Schätzen, doch sie fanden nichts.

Alle Höhlen und Räume waren leer, nur Spinnweben gab es in Hülle und Fülle. Dem Bären und der Maus machte das aber nichts aus.

Von nun an kamen sie oft zu dem Inselversteck. Später wohnten sie auch eine Zeit lang darin. Drei Jahre lang lebten die beiden glücklich und zufrieden auf den stillen, sonnigen Inseln des südlichen Ozeans. Dann kam eines Tages, als sie gerade auf offener See waren, erneut ein Wirbelsturm und trug sie zurück in ihre alte Heimat.

Jetzt sind sie wieder zwei arme Fischer, die sehnsüchtig auf den nächsten Wirbelsturm Richtung Süden warten ...

Der grüne Neffe

Seit vielen Jahren lebte die Witwe Klara Miezmiez allein in einem kleinen Haus mit großem Garten. Sie hatte keine Kinder, und ihre wenigen Verwandten wohnten weit weg. Klara Miezmiez lebte also recht still und zurückgezogen in ihrem Häuschen. Die Zeit vertrieb sie sich mit Bücherlesen oder sie arbeitete im Gemüsegarten. An manchen Tagen wünschte sie sich allerdings, dass es um sie herum etwas lebendiger wäre.

An einem heißen Sommertag, so um fünfzehn Uhr herum, trat in ihrem Leben eine große Veränderung ein! Klara Miezmiez wollte eben in ihren Garten gehen und öffnete die Haustür – da stand ein kleiner Frosch vor ihr. Der Frosch sah sehr erschöpft aus. Er konnte nur noch mit matter Stimme sprechen.

»Ich bin Peppino, dein Neffe«, sagte er. »Erkennst du mich? Gib mir schnell etwas zu trinken, liebe Tante, und lass mir ein Bad ein, ich bin fast ausgetrocknet ...«

Klara Miezmiez sah den Frosch erstaunt an. Sie wollte schon sagen: Mein Kleiner, was redest du da? Wie kann ich denn deine Tante sein, wo ich doch eine Katze bin? Aber der Frosch sah sie so treuherzig an, dass sie ihn erst einmal ins Haus ließ. Sie gab ihm zu trinken, und anschließend nahm der Frosch ein Vollbad in ihrer Badewanne, was seine Lebensgeister weckte. Er war wirklich ein komischer Kerl. In einem fort sprach er sie mit »Tante« an. Und Klara Miezmiez hatte ihn innerhalb weniger Stunden in ihr Herz geschlossen.

Seit zwei Jahren lebt Peppino nun schon bei seiner »Tante« und beiden ist es recht so. Die Witwe Miezmiez fragt den Frosch nie, wie er auf die Idee gekommen ist, sie sei seine Tante. Er ist bei ihr und alles ist in bester Ordnung! An Regentagen legt sich der grüne Neffe auf eine Holzliege in den Garten, und Klara Miezmiez schaut ihm dann durchs Fenster zu, wie er den Regen genießt.

Vielleicht lasse ich ihm nächstes Jahr ein großes Schwimmbecken bauen, denkt die Katze. Ja, das wird ihm sicher gefallen, meinem grünen Neffen …

Die Hochspringer

Alle vier Jahre fand im Katzenland der große Wettbewerb im Hochspringen statt. Diesmal waren besonders viele Zuschauer gekommen. Das Stadion war bis auf den letzten Platz besetzt. Nachdem die langweiligen Eröffnungsfeierlichkeiten endlich vorüber waren, marschierten die Athleten in das Stadion ein. Die Zuschauer erhoben sich von den Sitzen und applaudierten begeistert. Dann nahmen die Hochspringer Aufstellung und es wurde mucksmäuschenstill.

Zu Beginn sprangen die kleineren Tiere. Maus, Frosch, Kaninchen, Waschbär. Das war mehr lustig als aufregend, denn sie sprangen nicht besonders hoch. Danach kamen einige dicke Bären an die Reihe und das war noch komischer.

Aber schließlich wurde es ernst. Der Hase mit den langen Beinen nahm seinen Hochsprungstab und rannte los. Die Latte lag bei 2,80 m. Problemlos kam er drüber. Der Kater schaffte immerhin 2,15 m.

Dann kam der Leopard an die Reihe. Er erntete viel Beifall, als er 3,20 m übersprang. Endlich kam das Känguru dran. Es ließ die Latte auf 3,50 m legen, nahm einen langen Anlauf und hopste mit aller Kraft drüber. Tosender Applaus.

Ja, das Känguru hatte gewonnen, es gab keinen Zweifel mehr, denn nach ihm stand nur noch Felix, der kleine Pandabär, im Wettbewerb. Und wie hoch konnte der schon springen? 1,50 m vielleicht. Zur Überraschung des Schiedsrichters sagte Felix, dass er die Latte auf 3,60 m gelegt haben wollte. Ein Raunen ging durch das Publikum, viele lachten. Na gut, die Latte wurde also auf 3,60 m erhöht. Eine lustige

Kater
Leopard 3,20
Hase
Braunbär 0,70
Pandabär

Einlage am Schluss des Wettbewerbs kann nicht schaden, dachte der Schiedsrichter.

Felix Pandabär fasste seinen grünen Hochsprungstab, rannte an, der Stab bog sich und schleuderte den Bär wie einen Ball weit über die Messlatte. Unglaublich, Felix Pandabär hatte das diesjährige Hochspringen gewonnen!

Wie hatte er das gemacht? Wie war das möglich gewesen? Lag es etwa an dem grünen, besonders elastischen Hochsprungstab aus China, den er verwendet hatte?

Die behagliche Mäusehöhle

Es war ein kalter Winter. Alle Seen und Teiche waren tief zugefroren, und es schneite seit Tagen. Die Maus Priscilla aber genoss dieses unfreundliche Wetter. Sie hatte nämlich eine wunderbar behaglich eingerichtete Höhle unter der Erde! Im großen Kamin prasselte immer ein Feuer, die Speisekammer war gefüllt mit Nahrung für den Magen, und das Bücherregal war gefüllt mit Nahrung für den Geist. Was brauchte man mehr, um durch den Winter zu kommen? Einen Freund vielleicht, mit dem man ab und zu reden konnte, aber die Maus Priscilla hatte keine Nachbarn. Einmal in der Woche öffnete die Maus die Falltür zu ihrer Höhle, um frische Luft hereinzulassen. Bei dieser Gelegenheit machte sie immer einen kurzen Spaziergang.

Eines Tages fand sie bei einem solchen Spaziergang einen erschöpften Wanderer. Priscilla brachte ihn sofort in ihre Höhle, legte Holz im Kamin nach und gab dem Gast zu essen. Er war ein ganz merkwürdiges Tier.

Er sah irgendwie aus wie ein Hund, war aber nur so groß wie ein Hamster. Außerdem redete er in einer anderen Sprache, die Priscilla nicht verstand. Sie hätte ihn gern ausgefragt, um zu erfahren, woher er kam, aber das war ganz hoffnungslos. Der seltsame Fremde legte sich, nachdem er gegessen hatte, in einer Nebenhöhle ins Stroh und schlief einen Tag und eine Nacht durch. Als er aufwachte, brachte die Maus wieder Essen, danach schlief er abermals ein.

Nun hätte ich einen Mitbewohner, dachte die Maus, aber mit dem ist ja nichts anzufangen. Dann hatte sie eine Idee. Sie holte ihr Müh-

KIM
E.A. Poe I
E.A. Poe II
E.A. Poe III
R.L. Stevenson
Ivan A. Gontscharow OBLOMOW
Defoe Robinson Crusoe
W. Busch
Hauff Märchen

lespiel hervor und zog den Gast vom Strohlager in die Haupthöhle. Als er das Mühlespiel sah, leuchteten seine Augen auf. Aha, Mühle spielen schien er also zu können!

Und tatsächlich, der Hundhamster setzte schon seinen ersten Stein! Die Maus musste ihm noch ihre Brille borgen, weil es sich herausstellte, dass er ziemlich kurzsichtig war, aber dann stand einem langen Spielabend nichts mehr im Weg. Die beiden hatten es in den nächsten Wochen sehr gemütlich!

Der Rucksackhubschrauber

Der Kater Otto Maunitschek war ein Rentner. Er lebte ganz allein in einem schmalen, turmartigen Häuschen am Fluss. Gleich gegenüber von seinem Haus, auf der anderen Seite des Flusses, stand die Katzenfutterfabrik, in der er vierzig Jahre lang gearbeitet hatte. Allerdings war die Fabrik schon einige Jahre nicht mehr in Betrieb.

Kater Otto führte ein langweiliges, ereignisloses Leben. Doch eines Tages zog ein Ausländer, ein Leopard, in das leere Fabrikgebäude ein. Kater Otto war sofort misstrauisch. Ein Ausländer? Aus Afrika? Und in meiner Fabrik haust er? Was treibt der dort? Bestimmt lauter kriminelle Sachen!

Und Kater Otto beobachtete von nun an das Fabrikgebäude auf das Genaueste! Er stellte fest, dass der Leopard nie Besuch bekam und dass immer bis spät in die Nacht hinein Licht in den Fenstern zu sehen war. Manchmal drangen auch hämmernde Geräusche herüber. Sehr verdächtig das Ganze!

Eines Morgens spazierte der fremde Leopard über die Brücke und ging ganz nahe an Ottos Haus vorüber. Als er Otto aus dem Fenster schauen sah, grüßte er freundlich. »Guten Morgen, Herr Nachbar!«, sagte der Leopard. Otto brummte nur in seinen Bart. Ihn konnte man nicht täuschen! Der Ausländer hatte übertrieben freundlich gegrüßt, fand Otto Maunitschek.

Und dann, eines Abends im Oktober, sah Otto den Leoparden durch die Luft fliegen! Er hatte ein hubschrauberartiges Gerät auf seinen Rücken geschnallt, damit flog er lässig dahin, drehte eine Runde um

Ottos Haus und lächelte ihm freundlich zu. Dann flog er zur Fabrik zurück.

Am nächsten Morgen klopfte der Leopard an Kater Ottos Tür. »Guten Morgen, Herr Nachbar!«, sagte er, als Otto öffnete. »Jetzt wohnen wir schon über zwei Monate sozusagen Tür an Tür und ich habe mich noch immer nicht vorgestellt. Bitte verzeihen Sie mir. Mein Name ist Igor Mubolu. Ich bin Ingenieur und entwickle für eine Flugzeugfirma neuartige Fluggeräte. Das soll natürlich geheim bleiben, bis eine Erfindung fertig ist. Wie gefällt Ihnen mein neuer Rucksackhubschrauber? Wollen Sie einen Probeflug machen?«

»Gern«, brachte Otto Maunitschek heraus, und er schämte sich, weil er den Leoparden so verdächtigt hatte.

Der gefangene Elefant

Es war einmal ein kleiner Elefant, der hieß Winzig. Er war sehr musikalisch und konnte mit seinem Rüssel wie auf einer Trompete spielen. Einmal kam Winzig auf seinen weiten Wanderungen in einen Urwald, in dem viele braune Mäuse lebten. Die Mäuse schlossen sofort mit ihm Freundschaft, denn sie liebten seine Trompetenmusik. Jeden Tag musste Winzig ihnen mindestens eine Stunde lang etwas vortrompeten.

Die Musik hatte auch den Vorteil, dass sie Tiger und andere Raubkatzen fernhielt. Katzen aller Art können nämlich Trompeten nicht leiden. Sie sind ihnen zu laut und schmerzen in ihren empfindlichen, feinen Ohren. Den Urwaldmäusen konnte das nur recht sein. Eines Tages hörte der Maharadscha der nahen Dschungelstadt von dem Trompete spielenden Elefanten. Er schickte seine Jäger aus und ließ Winzig einfangen. Winzig wurde in einen Turmkäfig gesperrt, und dort sollte er nun für den Maharadscha Musik machen. Aber der Elefant war so traurig, dass er keine Lust zum Musizieren hatte.

»Bevor er nicht bläst, bekommt er nichts zu fressen!«, sagte der Maharadscha zu seinen Leuten. Er war ein hartherziger und dummer Mensch.

Zwei Tage vergingen. Die Urwaldmäuse hatten inzwischen Winzigs Spur aufgenommen. Sie führte zur Dschungelstadt und in den Garten des Maharadschas. Dort fanden sie den armen Winzig im Turmkäfig. Die Mäuse warteten, bis niemand mehr im Garten war, und befreiten dann den Elefanten. Eine Maus sägte die Käfigstangen durch, während

die anderen frisch gemähtes Gras zusammentrugen. Als das Käfigdach abgesägt war, sprang Winzig auf den Grashaufen hinunter und war frei. Die Mäuse führten ihn rasch zu einem unbewachten Gartentor und verschwanden mit ihm im Urwald.

Winzig bedankte sich für die Befreiung. Leider konnte er nun nicht mehr trompeten, sonst hätten ihn die Jäger des Maharadschas erneut eingefangen. Die Mäuse begleiteten ihn bis zum Rand des Urwalds und wünschten ihm alles Gute. Winzig wanderte weiter, neuen Abenteuern entgegen ...

Die geheimnisvolle Eule

Die beiden Mäuse Dina und Marzella lebten in einem großen, dunklen Wald. Die beiden hatten ihren Wald oft durchstreift. Sie kannten jeden Baum und jedes Tier, das darin wohnte. Und obwohl es meistens still in diesem Wald war, lebten eine ganze Menge Tiere darin. Dina und Marzella kannten sie alle. Sie waren recht lebhafte und neugierige kleine Mäuse!

Eines Abends sahen Dina und Marzella einen neuen Besucher durch ihren Wald gehen. Eigentlich war es eine Besucherin: eine große Eule! Sie spazierte leicht vorgeneigt und in Gedanken versunken durch das dürre Laub. Unter ihren rechten Flügel hatte sie ein dickes Buch geklemmt. Dina und Marzella folgten der Eule in sicherem Abstand. Man konnte ja nie wissen – manchen Eulen war nicht zu trauen. Sie könnten Appetit auf Mäuse bekommen! Aber diese Eule schien recht friedlich zu sein. Es sah ganz so aus, als wäre sie eine Büchereule – das friedlichste Tier überhaupt! Die Eule blieb nun stehen, schlug das Buch auf und murmelte vor sich hin. Dann hatte sie offensichtlich einen Einfall. Ihre großen Augen leuchteten auf, sie schlug das Buch zu und eilte mit großen Schritten davon. Dina und Marzella folgten ihr. Die Eule ging so schnell, dass sie die beiden Mäuse bald aus den Augen verloren hatten. Am Waldrand, dort, wo der große Teich begann, entdeckten sie sie wieder. Die Eule saß in einem hohlen Baum und schrieb bei Kerzenschein etwas in ihr Buch. Dina und Marzella schlichen neugierig näher.

Jetzt schaute die Eule in ihre Richtung!

»Kommt nur her, ihr zwei!«, sagte sie. »Ich weiß schon lange, dass ihr mir folgt. Ich habe gerade ein Gedicht geschrieben und möchte es euch gern vorlesen!« Aha, eine Dichterin war diese Eule! Nun verloren Dina und Marzella ihre Scheu und kletterten in das gemütliche Baumhaus der Eule. Ihr Gedicht war wunderschön. Es gefiel den Mäusen sehr. Aber die Eule hatte auch noch viele Geschichten geschrieben. Von diesem Tag an kamen die beiden Mäuse regelmäßig zum hohlen Baum und ließen sich von der Eule vorlesen. Mit der Zeit gesellten sich noch Insekten und andere Tiere hinzu. Das Baumhaus am Teichufer wurde zu einem beliebten Treffpunkt der Waldbewohner!

Der Liebesbrief

Lukas, der Bär, arbeitete als Redakteur bei einer großen Tageszeitung, dem »Bärenkurier«. Tagaus, tagein saß er in einem Großraumbüro an seinem Schreibtisch. Mit ihm arbeiteten noch 74 weitere Bären und Bärinnen in dem Büro. Das war ein Lärm dort! Dauernd schrillten die Telefone, immer war alles höchst dringend zu erledigen, es gab keine ruhige Minute.

Lukas liebte zwar seine Arbeit, aber in letzter Zeit spielten einfach seine Nerven nicht mehr mit. Alles war ihm zu laut, zu grell und zu schnell. Er sehnte sich nach einem langen, langen Urlaub auf einer einsamen Insel oder, noch besser, im stillen kühlen Norden, wo es sonst nichts gab als Schnee und köstliche Stille.

Das Schicksal - oder der Zufall - erhörte sein Sehnen, er machte eine beträchtliche Erbschaft, kündigte noch am selben Tag bei der Zeitung und ließ sich mit dem Hubschrauber in den hohen Norden fliegen. Lukas-Bär zog in eine kleine Blockhütte, machte ein kräftiges Feuer im Ofen und streckte auf dem weichen Bett alle viere von sich. Ahhhhh ...

Ungefähr drei Wochen lang war Lukas der zufriedenste Bär auf der Welt. Dann begann er sich zu langweilen. Er hatte zu viel geschlafen und gefaulenzt. Er war irgendwie zu ausgeruht, sodass er sich schon wieder müde fühlte. Also machte er lange Spaziergänge durch die Schneelandschaft. Da Lukas aber sonst nichts sah als Schnee und wieder Schnee, wurde ihm noch langweiliger. Er ertappte sich dabei, wie er sich beim Betrachten seiner eigenen Spuren im Schnee wünschte,

sie wären von einem anderen Bären. Dann fing er an, nach irgendeinem anderen Lebewesen, und sei es noch so klein, Ausschau zu halten. Doch in dieser Gegend lebte wohl nicht einmal eine Laus. Der See!, dachte Lukas. Er muss voller Fische sein!

Fische sind auch bei großer Kälte quicklebendig. Sie können zwar nicht reden, aber das macht nichts!

Schnell hackte der Bär ein Loch in die Eisdecke und wartete. Es dauerte nicht lange und ein kleiner Fisch streckte ganz kurz seinen Kopf durch die Wasseroberfläche. Er sah den Bär und tauchte sofort wieder unter. »Warte, warte!«, rief Lukas. »Ich tu dir nichts. Bleib ein bisschen!« Aber der Fisch ließ sich nicht wieder blicken. Nach einigen Tagen vergeblichen Wartens ließ Lukas an einer Angel einen Liebesbrief ins Wasser hinunter. Natürlich können Fische mit Liebesbriefen nichts anfangen ... Ja, auf so seltsame Einfälle kann einer kommen, wenn er zu lang allein ist. Gott sei dank kam nach sechs Wochen der Hubschrauber und brachte Lukas-Bär wieder zurück in die hektische, aber wundervoll lebendige Stadt!

Die fahrende Dichterin

In einem Land, das Bambulobo hieß und in dem es aussah wie in Afrika, das aber ganz woanders liegt, lebte einmal eine sehr begabte Maus. Die Maus hieß Melisande und sie konnte ganz wunderbare lange Gedichte schreiben. Jedes Stück Papier, das sie fand, beschrieb sie mit ihren Gedichten.

Von Zeit zu Zeit ging sie in ihrer Heimatstadt umher und suchte jemanden, dem sie eines ihrer Gedichte vorlesen konnte. Doch unglücklicherweise mochten die Bewohner der Stadt keine Gedichte hören. Entweder hörten sie die kleine Maus erst gar nicht an, oder sie sagten, dass die Gedichte lauter Unsinn seien, oder – was auch nicht selten vorkam – sie jagten Melisande fort, sobald sie mit dem Vortrag der Gedichte beginnen wollte.

Die Maus sah ein, dass sie in ihrer Heimatstadt als Dichterin nicht weit kommen würde. Und so packte sie eines Tages ihr Bündel mit den Gedichten und wanderte fort.

Das Land Bambulobo war sehr groß und die Städte und Dörfer lagen weit voneinander entfernt. Das hatte die Maus nicht gewusst. Sie wanderte fünf Tage lang und hatte noch immer keine Siedlung erreicht.

Die Maus war schon etwas verzweifelt, da traf sie ein Nashorn, das auf seinem Rücken einen seltsamen Sattel trug. Das Nashorn hatte einem reichen Großgrundbesitzer gehört. Es war ihm aber davongelaufen, weil er es schlecht behandelt hatte. Als Melisande das Nashorn sah, begrüßte sie es und las ihm dann ein Gedicht vor. Das Gedicht

schien dem Nashorn sehr zu gefallen, denn es grunzte freundlich und wich der Maus nicht mehr von der Seite. Die zwei waren Freunde geworden. Melisande stieg in den Sattel und ritt mit dem Nashorn durchs Land.

Von nun an änderte sich alles. Wo die Dichterin auch hinkam, überall hörten ihr die Leute zu, wenn sie ihre Gedichte vorlas. Die kleine Maus war sehr glücklich. An ihrem Erfolg war aber bestimmt auch das Nashorn beteiligt, denn wer traut sich schon, jemanden wegzujagen, der so einen starken Freund hat?

Das kalte Mäusehaus

Günter, der Dachs, war ein komischer Kauz. Er lebte seit vielen Jahren in einer tiefen Höhle im Wald. Nur selten kam er ans Tageslicht. Und was tat er die ganze Zeit so allein, tief in der muffigen Erde? Nur zwei Dinge: Bücher lesen und schlafen. Günter Dachs besaß Hunderte von Büchern. Er lag inmitten seiner Bücherberge, umgeben von Kerzenstummeln, und las, bis ihm die Augen zufielen. Lesen und schlafen, das war alles, was er wollte.

Filibert und Alfons, die beiden Mäuse, besuchten ihn im Herbst und waren entsetzt, wie der Dachs hauste. »Günter!«, rief Filibert, »du gehörst an die frische Luft! Hier unten holst du dir den Tod! Weißt du nicht, dass der Winter vor der Tür steht? Nicht einmal Vorräte hast du gesammelt! Vom Bücherlesen allein wirst du nicht leben können!«

»Ja«, bestätigte Alfons, »wir werden dir helfen, Günter. Du kannst in unsere neue Höhle übersiedeln. Wir sind bestens auf den Winter vorbereitet. Deine Bücher kannst du ja mitnehmen. In diesem muffigen Bau können wir dich nicht verschimmeln lassen!«

Der Dachs sträubte sich anfangs zwar gegen einen Umzug, doch die beiden Mäuse ließen nicht locker. Er war ein gutmütiger Geselle, dieser Dachs, und so ließ er sich schließlich überreden.

Alfons' und Filiberts Behausung war wirklich sehr freundlich und geräumig. Sie hatten einen verlassenen Fuchsbau umgebaut und sogar ein Fenster eingesetzt. Nachdem Günters Bücher in hohen Regalen untergebracht waren, zog der Dachs selbst ein. Noch im Dezember fiel sehr viel Schnee und dann kam eine furchterregende Kältewelle. Der

Wind pfiff über das Land, sämtliche Teiche und Seen froren meterdick zu. Der Frost drang auch in das Mäuseheim vor, denn es lag nicht so tief unter der Erde. Filibert und Alfons mussten Tag und Nacht den Ofen heizen. Günter Dachs lag meistens im Bett und las seine Bücher. Doch im Januar ging den Mäusen das Brennholz aus, und die Kälte ließ noch immer nicht nach. Nun wurde es sehr ungemütlich in der Höhle. Die Kälte drang durch die Fensterritzen, durch die Spalten in der Tür, und die Mäuse und der Dachs begannen entsetzlich zu frieren. Nur im Bett hielten sie es noch aus. Um sich wenigstens dann und wann einen heißen Tee kochen zu können, mussten sie mit Günters Büchern einheizen. Günter jammerte sehr um seine Bücher, aber Tee war ihm letzten Endes doch lieber. »Mein alter Bau war zwar muffig, aber Frost wäre nicht hineingekommen!«, sagte er und Filibert und Alfons mussten ihm recht geben.

Ende Januar hatten sie fast alle Bücher verheizt, nur Günters Lieblingsbücher waren noch übrig geblieben. Sie fingen schon an, die Fußbodenbretter zu verfeuern, als die Kälte endlich nachließ.

Eines Nachts kam ein Maulwurf, der unter der Mäusewohnung lebte, durch das Loch im Boden herauf. Er warf einen Blick auf die Schläfer und verzog sich rasch wieder in die warme Erde. Hier oben war es ihm eindeutig zu ungemütlich.

Geraldos Insel

Der Hund Geraldo hatte sich immer schon gewünscht, einmal ganz allein auf einer einsamen Insel mitten im blauen Meer zu leben. Aber Geraldo war arm. Er wohnte in einer winzigen, dunklen Wohnung in der heruntergekommensten Gegend einer Hafenstadt. Von seiner Insel konnte er nur träumen.

Doch eines Tages passierte etwas Unvorhergesehenes! Beim Kartenspiel gewann Geraldo von einem Millionär eine kleine Insel. Er konnte es kaum fassen. Gleich am nächsten Tag kratzte Geraldo seine Ersparnisse zusammen, kaufte Vorräte, eine Anglerausrüstung und packte seinen Koffer. Dann ließ er sich von einem Fischer zu der Insel bringen.

Die Insel war winzig klein. Ein Häuschen stand darauf, dahinter wuchs eine Dattelpalme, und zwei Kakteen gab es auch noch. Das war alles. Aber Geraldo war zufrieden. Der Fischer versprach, in zwei Monaten wiederzukommen und nachzuschauen, wie es ihm ging. In der ersten Woche genoss Geraldo die Einsamkeit. In der zweiten Woche begann es ihm schon ein bisschen langweilig zu werden, da er mit niemandem reden konnte. In der dritten Woche fing Geraldo vor lauter Einsamkeit an, mit den Kakteen zu sprechen. Und in der vierten Woche war Geraldo so niedergeschlagen – wahrscheinlich, weil ihm die Kakteen keine Antwort gaben –, dass er nur noch in dem Häuschen im Bett lag und stumpfsinnig zur Decke starrte. Das Leben auf einer Insel hatte sich Geraldo ganz anders vorgestellt! Ab der fünften Woche riss sich Geraldo zusammen und ging wenigstens zum Angeln aus dem

Haus. Sehnsüchtig schaute er übers Meer und wünschte sich ein Schiff herbei. Aber es kam keins. Dafür kam etwas anderes!

Als Geraldo wieder einmal dösend in seinem Sessel saß und angelte, hörte er eine feine Stimme.

»Fang mich auf!«, rief die Stimme.

Geraldo schaute auf und sah eine kleine Maus, die an drei Luftballons heranschwebte. Schnell holte er sie mit der Angel herunter. Die Maus hieß Monika. Aus purer Abenteuerlust hatte sie sich an die drei Luftballons gebunden und war in den Himmel aufgestiegen. Der Wind hatte sie dann aufs Meer hinausgetrieben. Geraldo hatte ihr also das Leben gerettet.

Geraldo und Monika verstanden sich sofort. Die kleine Maus konnte den ganzen Tag lang fast ohne Pause reden, und das war genau das, was Geraldo im Moment brauchte.

Plim der Clown

Der Zirkus Belloni war ein kleiner Wanderzirkus, der aus fünf Artisten und einem Clown bestand. Im Januar verließen die Zirkusleute ihr Winterquartier und fuhren mit zwei Wohnwagen, gezogen von alten Traktoren, in Richtung Süden. Sie fuhren durch eine verschneite Landschaft und sehnten sich alle sehr nach dem wärmeren Süden.

Zu Mittag hielten sie auf freiem Feld, einem zugefrorenen Teich, an und machten eine Rast. Plim, der Kater, war der Clown der Truppe. Er zog sein wärmstes Clownskostüm an, auch die rote Gumminase steckte er sich zum Schutz vor der Kälte auf seine eigene Nase. Dann machte er einen Spaziergang.

Plim trug schwere Gedanken mit sich herum. Er hatte nämlich seit Längerem das Zirkusleben satt. Er wollte nicht mehr Clown sein, wusste aber nicht, was er sonst machen sollte. Mit dem Zirkusdirektor hatte Plim in letzter Zeit öfter Streit gehabt, und im vergangenen Jahr hatten immer weniger Leute die Vorstellungen besucht. Der Kater seufzte und kehrte um. Als er beim Lagerplatz ankam, sah er, dass der Zirkus ohne ihn weitergefahren war. Sie haben bestimmt nicht gemerkt, dass ich einen Spaziergang gemacht habe, dachte Plim. Er setzte sich auf einen Stein, zog die Clownsjacke enger um seine Schultern und wartete auf die Rückkehr der Zirkuswagen.

Stunden vergingen und niemand kam. Es begann zu schneien und Plim wurde es immer kälter. Da landete plötzlich ein schöner, schwarzer Rabe vor ihm.

»Was machst du denn hier so allein?«, fragte er.

»Ich bin Plim, der Clown, und mein Zirkus hat mich wohl vergessen ...«, sagte Plim traurig.

»Hier kannst du nicht bleiben, sonst erfrierst du«, sagte der Rabe. »Komm mit mir. Ich wohne in der Nähe, bei einem alten Fuchs, der war früher einmal ein Zauberkünstler. Ihr werdet euch sicher gut verstehen!« Und so war es auch. Kater Plim verbrachte den Winter im warmen Haus des Fuchses und sie hatten viele interessante Gespräche, denn sie waren ja sozusagen vom gleichen Fach. Der Fuchs war schon alt und gebrechlich. Plim pflegte ihn, so gut er konnte. Trotzdem verstarb er im darauffolgenden Frühjahr.

Der alte Fuchs hatte Plim den Winter über viele Zauberkünste gelehrt und Plim bekam wieder Lust auf Zirkusluft. In dem Haus wollte er nicht mehr bleiben. Im Sommer wurde er von einem großen Zirkus engagiert. Dort trat er als Zauberkünstler auf und der Rabe war sein Assistent. Aus dem Clown war Plim, der Zauberer, geworden, der zusammen mit seinem Raben sehr berühmt wurde und auf der ganzen Welt große Erfolge feierte!

Die Räuberhöhle

Sebastian und Mimi waren zwei junge Kaninchen. Sie wohnten mit ihren Eltern und noch vielen anderen Kaninchen in einem großen Bau, in der Nähe des Flusses. In der Nacht, wenn alle schliefen, schlichen sie oft fort und gingen auf Entdeckungsreise. Und das, obwohl ihnen die Mutter solche Ausflüge ohne Begleitung strengstens verboten hatte! Mutter wusste schon, warum! Der Fuchs war in der Nacht hellwach und er speiste nichts lieber als junge Kaninchen.

Eines Nachts schlichen Mimi und Sebastian wieder von zu Hause weg. Sie gingen ein Stück durch den Wald und kamen dann zu einer großen Wiese. Der Mond schien hell. Plötzlich fand Sebastian den Eingang zu einer Höhle. Neugierig huschten die beiden hinunter. Sie gelangten in einen langen Tunnel, der viele Windungen hatte. Mimi bekam nun doch ein bisschen Angst und wollte umkehren. Da bemerkte Sebastian weiter vorne einen Lichtschein. Sie schlichen leise weiter und kamen schließlich in eine große Höhle. Es war eine Räuberhöhle, das sahen die Kaninchen auf den ersten Blick! Säcke mit Diebesgut standen herum und in einer Ecke sahen sie einen Haufen Goldstücke und eine Schatztruhe.

Aber warum brannte das Licht? Da! Auf einmal hörten sie tiefe Stimmen und Schritte, die sich der Höhle näherten. Mimi und Sebastian konnten sich gerade noch hinter den Säcken verstecken. Durch einen anderen Tunnel traten jetzt der Fuchs, ein dicker Keiler und ein Waschbär ein. Das war die Räuberbande!

Der Fuchs ließ sich auf einem Sack nieder und sagte zum Waschbär:

»Nun zeig mal, was du heute erbeutet hast. Wenn es wertvoll genug ist, bist du in unserer Bande aufgenommen!«

Der Waschbär lächelte überlegen und öffnete seinen Sack. »Bitte sehr«, sagte er. »Neben Schmuck und Gold habe ich sogar die Krone des Katzenkönigs geklaut! Das war ein schwieriges Stück Arbeit. Der Kerl schläft nämlich mit seiner Krone auf dem Kopf. Ich habe sie ihm vom Kopf wegstehlen müssen!«

»Ausgezeichnete Arbeit«, brummte der Keiler. »Ich muss schon sagen, das macht dir so schnell keiner nach, Waschbär!«

Und der Fuchs, der anscheinend der Hauptmann der Bande war, sprach: »Nun gut, hiermit bist du ein Mitglied unseres Vereins, Waschbär! Morgen Abend starten wir zur Entspannung ein neues Unternehmen. Und zwar werden wir zu den Kaninchenhöhlen gehen und uns ein paar leckere Kaninchen fangen. Zur Belohnung, sozusagen! Mmmm, ich kann sie fast schon riechen, diese köstlichen Tierchen!«

Mimi und Sebastian erschraken. Der Fuchs hatte sie zweifellos gerochen. Sie hatten große Angst, entdeckt zu werden. Zitternd, aber ganz, ganz leise schlichen sie zum zweiten Ausgang der Höhle und rannten Hals über Kopf nach Hause. Dort weckten sie aufgeregt alle Kaninchen und erzählten ihnen, was sie in der Räuberhöhle erlauscht hatten. Ein Kaninchen holte Wenzel, den Bär. Und der empfing am nächsten Abend das Diebsgesindel in gebührender Weise ...

Der Autobus im Baum

Die Mäuse Filibert und Alfons wurden einmal im Gebirge von einem Gewitter überrascht. Furchterregende Blitze fuhren aus den Wolken, der Donner hallte entsetzlich laut zwischen den Bergwänden und dann begann es immer stärker zu regnen. Filibert und Alfons befanden sich gerade auf einer abschüssigen Wiese. In der Nähe war kein Unterschlupf zu sehen. Nur weiter unten stand ein großer Baum, und darunter war etwas Gelbes, das aus der Ferne wie eine Berghütte aussah. So schnell sie konnten, liefen die beiden Mäuse auf den Baum zu. Beim Näherkommen merkten sie, dass das Gelbe keine Hütte, sondern ein alter Autobus war. Eine weiße Katze schaute aus einem Fenster und winkte den beiden Mäusen aufgeregt zu. Gerade noch rechtzeitig erreichten Filibert und Alfons den Autobus. Als sie hineinkletterten, brach das Unwetter richtig los.

Schnell verschloss die Katze Tür und Fenster. Das Innere des Autobusses war wie eine Wohnküche eingerichtet. Ein schmaler Herd stand ganz hinten, darauf hatte die weiße Katze eben Pilzsuppe gekocht. Filibert und Alfons nahmen auf dem Sofa Platz. Während sie die Suppe aßen, erzählte ihnen die Katze, wie der Autobus in diesen Baum gekommen war.

Vor einem Jahr hatte die Katze den alten Postautobus ganz billig bei einer Versteigerung erstanden. Sie wollte mit dem Bus eine Reise um die Welt machen, das war schon immer ihr Traum gewesen. Aber der Bus war schon klapprig und die Bremsen funktionierten nicht mehr richtig. Als sie über dieses Gebirge fuhr, passierte das Unglück. Auf

einer steilen Straße versagten die Bremsen, der Bus kam von der Fahrbahn ab und sauste den Abhang hinunter. Vor dem Abgrund stoppte ihn der große Baum. Die Katze hatte unglaubliches Glück gehabt. Der Autobus war so fest in den Baum verkeilt, dass er nicht mehr loskam. Nachdem die weiße Katze ihren Schock verwunden hatte, machte sie einen Spaziergang, und weil ihr diese Gegend ausgezeichnet gefiel, verzichtete sie auf ihre Reise. Sie beschloss, den Bus zu einer Art Berghütte umzufunktionieren und hier wohnen zu bleiben.

Auch Filibert und Alfons fanden, dass die Katze das Beste aus ihrer Lage gemacht hatte. Sie blieben in dem Bus, bis das Gewitter vorüber war.

Das gelbe U-Boot

Kater Stefan war ein alter Seemann. Als Kapitän hatte er auf einem großen Ozeandampfer alle Meere befahren. Seit einigen Jahren war er nun im Ruhestand. Er lebte in einem etwas schäbigen Haus, direkt am Meer. So konnte er jeden Tag sein geliebtes Meer sehen. Doch mit der Zeit genügte ihm das nicht mehr. Kapitän Stefan wollte wieder hinaus aufs Wasser. Er kratzte seine Ersparnisse zusammen und erstand auf einer Versteigerung ein kleines, gelbes U-Boot. Für ein Dampfschiff hatte sein Geld nicht gereicht.

Die Mäuse aus der Nachbarschaft hatten den alten Kater sehr gern. Sie halfen ihm, das U-Boot auf Hochglanz zu bringen, und natürlich wollten sie dann alle mitfahren. Kater Stefan baute extra für sie eine breite Glasscheibe im Unterdeck ein.

Und dann war es so weit! Das U-Boot wurde zu Wasser gelassen, alle stiegen ein, die Luke wurde geschlossen und das U-Boot tauchte zum Meeresgrund hinunter. Der alte Kapitän schaltete die Scheinwerfer ein, denn auf dem Meeresgrund war es ziemlich dunkel. Die Mäuse drängten sich alle an die Fensterscheibe. Im Scheinwerferlicht sahen sie die seltsamsten Meeresbewohner.

»Wisst ihr was?«, sagte Kapitän Stefan. »Was haltet ihr davon, wenn wir eine richtig lange Unterwasserreise machen? In die warme Südsee zum Beispiel?«

Die Mäuse waren sofort einverstanden. Je länger diese wunderbare Reise dauerte, desto besser! Ganze zwei Wochen fuhren sie so unter

SÜDSEE

Wasser dahin. Beinahe hätten sie sich verirrt! Aber dann fanden sie doch einen Unterwasserwegweiser, der in Richtung Südsee zeigte. Zwei Mäusefische erklärten ihnen durch Zeichen zusätzlich den Weg.

Nach drei weiteren Tagen kam das gelbe U-Boot sicher bei einer Südseeinsel an. Dort legten sich alle erst einmal in die Sonne, denn so schön es auch unter Wasser ist, ohne Sonnenschein wird man doch nach einer gewissen Zeit ein bisschen trübsinnig ...

Das Schneeschloss

Filibert und Alfons waren zwei Mäuse. Filibert hatte ein braunes Fell, denn er war eine Haselmaus. Und Alfons war eine ganz gewöhnliche Feldmaus, deswegen war sein Fell von grauer Farbe. Die beiden hatten einander vor zwei Jahren beim Beerensuchen im Wald kennengelernt. Seither waren sie dicke Freunde.

Im Herbst sagte Filibert zu Alfons: »Du, Alfons, ich muss mir ein neues Nest bauen. Mein altes ist schon sehr morsch. Es könnte bei dem starken Wind herunterfallen und das wäre wirklich dumm. Hilfst du mir beim Bauen?«

»Ja, gern«, erwiderte Alfons.

Filibert wollte das neue Nest an einem anderen Ort bauen. Er wusste auch schon wo! Auf der Wiese, am Fuße des Berges, wuchs ein besonders prächtiger Haselnuss-Strauch. Dort wollte er in Zukunft wohnen.

Die beiden Mäuse begannen unverzüglich mit der Arbeit. Alfons holte das Baumaterial herbei und Filibert kletterte in den Strauch und flocht mit großer Geschicklichkeit das Nest. Nach ungefähr zwei Wochen war es fertig. Die beiden Mäuse waren sehr stolz auf ihr Werk. Das neue Nest war viel größer als das alte und schöner war es auch.

Ein paar Tage darauf fiel der erste Schnee. Da sagte Filibert zu Alfons: »Warum ziehst du eigentlich nicht zu mir? Platz habe ich genug! In deinem Erdloch im Feld muss es doch unheimlich ziehen?«

»Gute Idee!«, fand Alfons und zog noch am selben Tag zu Filibert um.

Die Wochen vergingen, und es wurde Januar. Es schneite sehr viel. Eines Tages packten die beiden Mäuse Proviant in ihre Rucksäcke und machten eine ausgedehnte Wanderung durch die weiße Landschaft. Als sie nach einigen Stunden heimkehrten, sahen sie etwas Entsetzliches! Während ihrer Abwesenheit war eine Lawine vom Berg niedergegangen und hatte den Strauch mit ihrem Nest unter sich begraben.

»Wie gut, dass ich noch mein altes Nest habe!«, sagte Filibert und seufzte.

»Komm«, sagte Alfons Feldmaus, »ich möchte mir die Stelle ansehen, wo die Lawine angefangen hat!«

Die zwei Mäuse kletterten den Berg hinauf. Als sie schon ziemlich hoch oben waren, setzte dichtes Schneetreiben ein. Sie konnten kaum ihre Pfoten vor den Augen sehen, so stark schneite es. Doch Filibert und Alfons waren mutige Mäuse. Sie stiegen weiter den Berg hinauf und mit einem Mal hörte der Schneefall auf. Der Gipfel lag vor ihnen und auf diesem Gipfel stand ein wunderschönes Schneeschloss!

Filibert und Alfons gingen staunend zum Tor und läuteten an. Eine weiße Maus öffnete ihnen. Eine Schneemaus! Das Schloss wurde von zwanzig Schneemäusen bewohnt! Filibert und Alfons wurden willkommen geheißen, denn die Schneemäuse hatten schon lange keinen Besuch mehr gehabt. Die beiden Mäuse aus dem Tal wurden freundlich bewirtet. Es gab Tee und Käsekuchen, und Filibert und Alfons mussten bis in die Nacht hinein von ihren Erlebnissen erzählen. Es gefiel ihnen so gut bei den Schneemäusen, dass sie schließlich den ganzen Winter hindurch auf dem Schneeschloss blieben.

Sultan Mudschi

Der dicke Kater Mudschi war Sultan von Gurudschistan, als dort noch Katzen statt Menschen lebten. Das muss lange her sein, weil sich niemand daran erinnern kann, nicht einmal die Katzen. Aber ich kann mich erinnern und deswegen erzähle ich jetzt diese Geschichte.

Sultan Mudschi hatte in seinem Palast eine riesige Schatzkammer, die voll gefüllt war mit vielen Kisten voll Geschmeide und kostbaren Gegenständen. Darunter befanden sich auch fünfhundertdreiundsechzig goldene, edelsteinbesetzte Wasserpfeifen. Jede dieser Wasserpfeifen sah anders aus, eine war schöner als die andere. Sultan Mudschi war ein leidenschaftlicher Wasserpfeifenraucher. Jeden Tag probierte er eine andere aus. Er saß dabei auf seinem dicken, blauen Kissen und paffte vor sich hin.

Eines Tages, als er gerade die ersten Züge aus einer goldenen, mit blauen Edelsteinen besetzten Wasserpfeife getan hatte, hob sich plötzlich das Kissen, auf dem er saß, in die Luft und schwebte durch das Palastfenster hinaus. Sultan Mudschi war entzückt! Er wusste sofort, dass diese Wasserpfeife eine Zauberwasserpfeife war, mit der man fliegen konnte, wenn man daraus rauchte.

Mudschi ließ am nächsten Tag das ganze Katzenvolk im Hof des Palastes zusammenrufen. Dann setzte er sich auf sein Kissen, paffte aus der Zauberpfeife und schwebte eine Runde über den Köpfen der erstaunten Katzen. Das machte ihm mächtig Spaß!

Unter den Zuschauern befand sich auch ein Fuchs. Dieser Fuchs war

ein Zauberer. Als er Sultan Mudschi so mit der Pfeife fliegen sah, beschloss er, sie ihm wegzunehmen. Der Fuchs beobachtete den Sultan einige Tage lang und stellte fest, dass Mudschi jedes Mal eine Runde durchs Gebirge flog. Der Fuchs kletterte daraufhin ins Gebirge und lauerte Sultan Mudschi auf. Und da kam der Kater auch schon angeflogen!

Der Fuchs holte seinen Zauberstab hervor und flüsterte einen bösen Zauberspruch: »Hokuspokus Mäusedreck, Mudschis Pfeife, die ist weg! Mudschis Pfeife, die ist mein, schwebt zu mir her, ganz allein! Und der Mudschi, zack, tschinbumm, fällt mit seinem Kissen um!«

Und was passierte, als dieser Zauberspruch ausgesprochen war? Gar nichts passierte. Es wäre auch zu dumm gewesen, wenn so ein blöder Zauberspruch gewirkt hätte!

Das Haus der Hexe

Im finsteren Sumpf, am Fuße der Mondberge, lag eine kleine Insel. Und auf dieser Insel stand ein unheimliches Haus. Das Haus hatte einen hohen Schornstein und sah von Weitem aus wie ein böses Gesicht. In diesem Haus wohnte die Hexe Kaluster, eine Hexe, die Menschen in Tiere verzaubern konnte, und am liebsten aß sie Mäusesuppe.

Sieben schwarze Fledermäuse waren ihre Dienerinnen. Jede Nacht flogen sie aus und fingen für sie jenseits des Sumpfes unvorsichtige kleine Mäuse. Einmal fingen die Fledermäuse die Feldmäuse Tigi und Tango. Sie trugen sie zu dem Haus der Hexe. Dort wurden sie in einen Käfig gesperrt. Die Hexe Kaluster betrachtete Tigi und Tango durch die Gitterstäbe. »Na, ihr kleinen Tanzmäuse«, sagte sie, »morgen werde ich eine Suppe kochen, eine gute Mäusesuppe! Schade, dass ihr sie nicht kosten könnt.« Sie lachte dabei so schrecklich, dass es den Mäusen angst und bang wurde. Dann ging die Hexe schlafen.

»Ach, Tigi, was machen wir nur?«, sagte Tango. »Wir müssen fliehen, sonst ist das unsere letzte Nacht.« Tango rüttelte an der Käfigtür, aber die war gut verschlossen. Mutlos setzten sich die Mäuse in eine Ecke des Käfigs. Sie hatten große Angst. Im Nebenzimmer hörten sie die Hexe schnarchen.

Ungefähr um Mitternacht rauschte es leise in der Luft und gleich darauf landete eine Fledermaus vor dem Käfig. »Habt keine Angst«, sagte die Fledermaus. »Ich werde euch befreien. Ich habe der Hexe den Käfigschlüssel gestohlen.« Die Fledermaus schloss die Tür auf und führte die beiden Mäuse ins Freie.

»Unten am Wasser liegt ein kleines Erbsenboot«, sagte die Fledermaus. »Versteckt euch im Schilf. Bei Tagesanbruch könnt ihr nach Hause rudern, denn dann gehen die anderen Fledermäuse schlafen. Ich habe genug von der Hexe und muss schnell verschwinden.«

»Vielen Dank für die Befreiung!«, flüsterten Tigi und Tango.

»Lebt wohl«, sagte die Fledermaus und flatterte durch die Nacht davon.

Tigi und Tango hatten den Schilfwald kaum erreicht, da kamen auch schon die sechs anderen Fledermäuse der Hexe geflogen und suchten die Ausreißer. Aber sie fanden sie nicht.

Am Morgen war der Spuk vorbei und Tigi und Tango konnten nach Hause rudern.

Mario der Bär

In einem kleinen Haus auf einem Hügel, etwas außerhalb des Dorfes, wohnte einmal eine Bärenfamilie. Sie bestand aus Bärnd, dem Bärenvater, Bärta, der Bärenmutter, und drei kleinen Bärenkindern mit Namen Bärlinda, Bärenice und Bärtram. Eines Tages erfuhren die Bäreneltern, dass in der nahe gelegenen Stadt ein Bärentanzwettbewerb stattfinden sollte. Bärta und Bärnd wollten an diesem Wettbewerb unbedingt teilnehmen, denn sie waren sehr gute Tänzer. Zwei Tage sollte dieser Wettbewerb dauern, aber wer sollte während dieser Zeit auf ihre drei kleinen Kinder aufpassen?

Zufällig kam an diesem Abend der Bär Mario mit seinem neuen Motorrad vorbei. Mario war ein alter Freund des Bärenvaters, und er erklärte sich gleich bereit, bei den Kindern zu bleiben.

Am nächsten Morgen reisten Bärta und Bärnd ab und Mario war mit den Bärenkindern allein. Die Bärenkinder hatten schnell herausgefunden, dass Mario ein äußerst gutmütiger Bär war.

Die Spiele, die sie mit ihm spielten, wurden immer wilder, und bis zum Abend hatten sie das Haus so ziemlich auf den Kopf gestellt. Alle vier hatten großen Spaß gehabt. Mario war auch sehr müde, nicht so die drei Bärenkinder! Sie wollten gar nicht schlafen gehen und Mario hatte große Mühe, sie ins Bett zu bekommen. Als sie dann endlich schliefen, musste Mario noch bis spät in die Nacht hinein das Haus aufräumen. Hundemüde ließ er sich schließlich ins Bett fallen und war sofort eingeschlafen. Früh am Morgen weckten ihn die drei

Bärenkinder. Oh nein, dachte Mario. Jetzt geht das Tohuwabohu wieder los!

Aber dann hatte er eine gute Idee! Gleich nach dem Frühstück ging er mit den Bärenkindern vors Haus und setzte sie in den Beiwagen seines Motorrades. Er startete die Maschine und brauste los, den Hügel hinunter, hinein ins Dorf, zum anderen Ende hinaus und ums Dorf herum. Immer wieder drehte er seine Runden, so lange, bis die drei Bärenkinder im Beiwagen eingeschlafen waren. Die Kinder waren nun zwar ruhig, aber dafür hatte Mario die Dorfbewohner wütend gemacht. Sie schimpften auf ihn und sein höllisch lautes Motorrad und sperrten schließlich die Dorfstraße ab. Mario war froh, als endlich die Büreneltern zurückkamen.

Peppo Ziesels Erdhöhle

Peppo, das Ziesel, besaß die wärmste, schönste, ruhigste, molligste und behaglichste Erdhöhle weit und breit. Ein großer, gemauerter Ofen stand in dieser Höhle, ein Lehnstuhl aus grünem Plüsch und der Rest der Höhle war mit weichem Laub vollgestopft.

Peppo Ziesel hielt viel auf Bequemlichkeit. Er war auf den Winter bestens vorbereitet. So hatte er sich auch etliche dicke Bücher eingelagert; denn nichts ist schöner als zu Hause neben dem bullernden Ofen ein spannendes Buch zu lesen, während draußen der Schnee vom Himmel fällt!

Peppo hatte sich auf ein wundervoll stilles und gemütliches Winterleben eingestellt. Doch bevor noch der erste Schnee gefallen war, kam der Igel Ludwig auf einen Wochenendbesuch zu ihm. Das war vor zwei Monaten gewesen und der Igel war noch immer da!

Zwei Waldmäuse waren die nächsten Besucher. Die hatten gleich ihr Bett mitgebracht und auf den Ofen gestellt. »Du hast doch nichts dagegen, dass wir ein Weilchen in deiner wundervollen Höhle schlafen, Peppo?«, hatten sie gefragt.

Natürlich konnte Peppo nicht Nein sagen, das wäre gegen die Gastfreundschaft gewesen. Aber er wusste schon im Voraus, dass auch diese lieben Gäste den ganzen Winter bei ihm verbringen würden.

Besuch ist etwas Schönes, aber nur, wenn er nicht ewig bleibt. Peppo hatte sich so auf einen ruhigen Winter gefreut und nun hatte er das Haus voller Leute.

Da hatte Peppo Ziesel eine gute Idee! Er heizte den großen Ofen

kräftig an, und bald darauf wurde es so warm in der Höhle, dass der Igel und die Mäuse tief einschlummerten.

So, dachte Peppo. Jetzt brauche ich nur darauf zu achten, dass es immer gleich warm bleibt, dann schlafen meine Besucher bis zum Frühling durch! Peppo nahm ein Buch und setzte sich in den Lehnstuhl. Herrlich, diese Ruhe!

Auf dem Bild sehen wir, dass gleich ein weiterer Gast zu Peppo Ziesel kommen wird. Wahrscheinlich wird die Maus ebenfalls bald schlafen. Und der Peppo selber – der wird gewiss auch irgendwann einmal einschlafen; denn bei so einer Hitze müssen einem doch die Augen zufallen!

Onkel Pankraz-Wüstenkatz

Pankraz war einer jener Kater, die am liebsten den ganzen Tag durchschlafen und sich so wenig wie möglich bewegen. Er lebte in der Wüste, in einem kleinen Haus, dessen ganze Einrichtung aus einer einzigen großen Matratze bestand.

In den Ferien besuchten Pankraz seine sechs Neffen. »Onkel Pankraz!«, sagten sie. »Du hast uns schon lange versprochen, dass du uns einmal zu einer Abenteuerrundreise durch die Wüste mitnimmst! Wir wollen die großen Kaktustürme sehen, von denen du uns schon so oft erzählt hast, und das Felsental, in dem du mit dem wilden Löwen gekämpft hast!«

Pankraz erzählte nämlich gern Lügengeschichten. In Wirklichkeit hatte er nie mit einem Löwen gekämpft.

»Ach, lasst mich doch in Ruhe, Kinder!«, erwiderte der Wüstenkater. »Bei dieser Hitze bleibt man am besten zu Hause. Legt euch zu mir auf die Matratze und schlaft ein Weilchen.«

Aber die kleinen Kater wollten nicht schlafen. Sie bettelten und baten so lange, bis Onkel Pankraz schließlich nachgab. Er ging mit ihnen zu Pablo Wüstenmaus, der ein Kamel besaß. Pablos Kamel war ein verwöhntes Tier. So trug es zum Beispiel Schuhe an den Füßen, damit es sich an den spitzen Steinen nicht verletzte.

»Pablo, wir wollen dein Kamel mieten«, sagte Pankraz. »Führst du uns zu den Kaktustürmen?«

Pablo nickte nur. Er sprach überhaupt sehr wenig, und wenn, dann nur mit seinem Kamel.

Die sechs kleinen Kater kletterten in einen Tragkorb und Pankraz nahm zwischen den Höckern des Kamels Platz. Er passte genau hinein und hatte schnell eine bequeme Stellung gefunden.

So trabten sie also los. Ganz langsam, ganz gemütlich. Die Katzenkinder wollten, dass das Kamel schneller ginge, aber niemand hörte auf sie. Pablo Wüstenmaus ging schweigsam voran, das Kamel döste im Gehen vor sich hin und Onkel Pankraz-Wüstenkatz schlief im Schatten des Baldachins. Und das sollte nun eine Abenteuerrundreise sein!

Die Hausaufgabe

Die Maus Violetti hatte im Schulunterricht nicht richtig aufgepasst und die Hausaufgabe falsch verstanden. Sie lautete: »Beschreibe das Aussehen und die Eigenschaften der Waldohreule«. Violetti hatte »Wildmooreule« statt »Waldohreule« verstanden.

Nun saß sie zu Hause am Küchentisch und wusste nicht weiter. Da ihre Eltern auch keine Ahnung von einer Wildmooreule hatten, ging Violetti in den Wald, um eine Eule zu suchen und sie zu fragen.

Die Maus hatte Glück. Auf einer kleinen Lichtung traf sie fünf Eulen, die gerade über den Sinn des Lebens diskutierten.

»Guten Abend«, sagte Violetti, »ist eine von euch vielleicht eine Wildmooreule?«

Und sie erklärte den Eulen, was sie brauchte. Die Eulen dachten lange nach.

»Wildmooreule, Wildmooreule, nie gehört«, sagte eine der Eulen. »Vielleicht gibt es oben im Norden solche Eulen?«, sagte eine andere Eule. »Ja, aber wie sieht sie aus?«, wandte eine dritte Eule ein. Schließlich sagte die Sumpfohreule: »Vielleicht bin ich gemeint? Ich wohne ja auch in einem Moor! Beschreibe einfach mich!«

»Oder mich!«, rief die Waldohreule. »Waldohreule und Wildmooreule, das klingt fast gleich. Schreib: ›Die Waldohreule ist die schönste und klügste Eule …‹«

»Na, so schön bist du ja auch wieder nicht«, wandte die Schneeeule ein. »Die Schönste von uns fünfen bin eindeutig ich!«

Daraufhin hatten die fünf Eulen beinahe zu streiten angefangen.

Violetti rettete die Lage, indem sie sagte: »Ich weiß jetzt, was ich mache! Ich schreibe: ›Leider weiß ich nicht, wie eine Wildmooreule aussieht. Stattdessen beschreibe ich jetzt fünf der schönsten und klügsten Eulen, die in unserem Wald wohnen.‹ Seid ihr einverstanden?«

Und ob die Eulen einverstanden waren! Es wurde ein sehr langer Aufsatz über Eulen, und Violetti bekam von allen Schülern die beste Note.

Der Mäuseturm

Hinten am Weiher, in dem alten Turm, trafen sich jeden Donnerstag die Mäuse zu einem Kaffeekränzchen. Sie aßen Gugelhupf und Kuchen und tranken Kaffee und plauderten und klatschten über Ereignisse der vergangenen Tage. Die Eule Eulalia, die die Mäuse sehr gernhatte, war meistens dabei. Sie trank zwar keinen Kaffee und nahm kaum an den Gesprächen teil, doch sie hörte gern zu. Sie saß auf dem Dach, blinzelte schläfrig und ließ sich von dem fröhlichen Geplauder der Mäuse berieseln.

Der Turm besaß keine Tür. Man konnte nur über eine Strickleiter ins Innere gelangen. Und das hatte seinen guten Grund! Mäuse haben viele Feinde: Katzen, Wölfe, Hunde, und vor allem der Fuchs lauerte ihnen oftmals auf. In dem Turm waren die Mäuse sicher.

In letzter Zeit strich besonders der Fuchs um den Turm herum. Die Mäusegesellschaft beschloss, dem alten Tunichtgut einen Streich zu spielen. Manuel Haselmaus war gerade von einer Reise zurückgekehrt. Am Donnerstagabend kam er in den Mäuseturm und erzählte seine Erlebnisse.

Alles war vorher gut abgesprochen worden. Als der Fuchs wieder um den Turm schlich, kratzte die Eule leise am Dach. Das war das Zeichen, dass der Fuchs unten auf Horchposten war. Und Manuel Haselmaus legte los: »Ich war ein Jahr lang im Land der Goldmäuse. Dort hat jede Maus ein goldenes Fell und überhaupt ist dort alles aus Gold! Das Essbesteck, die Betten, die Tische, die Fußböden – ja, sogar die Häuser und Bäume sind aus purem Gold! Bei Tag müssen alle Mäuse eine Sonnenbrille tragen, weil sie sonst vom Glanz des Goldes geblen-

det würden, stellt euch das nur vor! Doch leider ist dieses Land auch sehr gefährlich. Es gibt dort nämlich riesige schwarze Katzen! Gleich am ersten Tag rettete ich dem Mäusekönig das Leben. Eine der schwarzen Katzen hatte ihn in eine enge Schlucht gejagt und ich lenkte sie ab. Der Goldmauskönig schenkte mir dafür einen Goldklumpen, der so groß wie mein Kopf ist!«

»Ooooh!«, machten die anderen Mäuse. »Und wo hast du diesen Goldklumpen?«

»Den habe ich gut versteckt!«, sagte Manuel laut, damit der Fuchs auch gut hörte. »Und zwar im Sumpf, unter den Wurzeln des großen Weidenbaumes, ihr wisst schon. Aber nichts verraten!«

Als der Fuchs das hörte, lief er noch in derselben Nacht in den Sumpf, um den Goldklumpen auszugraben. Die ganze Nacht wühlte er im Schlamm herum, bis er vor Erschöpfung nicht mehr konnte. Hundemüde und dreckig war er am Morgen, doch einen Goldklumpen hatte er nicht gefunden. Es gab nämlich keinen. Manuel hatte die Geschichte extra für den lauschenden Fuchs erfunden. Und der hatte sie tatsächlich geglaubt.

Die Zauberfedern

Es waren einmal zwei Katzen, die hießen Paul und Hanna. Sie lebten in einer Windmühle, denn sie waren Müller. Die Bauernkatzen brachten ihnen ihr Getreide, und Paul und Hanna mahlten es zu Mehl. Von früh bis spät arbeiteten sie und jeden Abend fielen sie todmüde ins Bett.

»Ach, ich habe diese verfluchte Arbeit schon lange satt!«, sagte Kater Paul eines Morgens. »Am liebsten würde ich einige Monate im Bett bleiben!«

»Mir geht es genauso«, sagte die Katze Hanna. »Wenn doch ein Jahr lang kein Wind mehr ginge!«, rief der Kater.

War es Zufall oder hatte der Wunsch von Kater Paul solch große Kraft? Am nächsten Tag herrschte Windstille, die Flügel der Mühle bewegten sich keinen Millimeter mehr und so blieb es das ganze Jahr hindurch. Die Bauern mussten ihr Mehl zu Hause mit der Hand mahlen.

In den ersten Monaten der Windstille freuten sich Paul und Hanna über die herrliche Ruhe. Sie blieben jeden Tag bis Mittag im Bett und schnurrten sich eins. So ging das einige Monate und die zwei faulen Katzen waren restlos zufrieden. Doch eines Tages merkten sie, dass ihre Essvorräte zur Neige gingen, und es wurde ihnen etwas bange zumute. Sie redeten darüber und malten sich aus, dass sie in Kürze elend verhungern würden, wenn kein Wind käme. Sie nahmen sich das so zu Herzen, dass sie kurz darauf kläglich miauend im Bett saßen. »Ach, wenn doch nur wieder Wind käme!«, klagten sie. »Gibt es

denn niemanden, der uns helfen kann?« Ganz unglücklich schliefen sie schließlich ein.

In der Nacht hatte Hanna einen Traum. Eine Zauberfee erschien ihr und sagte: »Ich werde euch zwei bedauernswerten Katzen helfen. Morgen früh werdet ihr vor der Mühle zwei große Zauberfedern finden! Steckt sie in die Windmühlflügel und die Flügel werden sich zu drehen beginnen!«

Dann verschwand die Fee aus dem Traum und Hanna wachte auf. Sie weckte Paul und erzählte ihm ihren Traum. Rasch eilten sie vor die Mühle. Tatsächlich lagen vor der Tür die zwei großen Federn! Sie bewegten sich sogar schon ein bisschen.

Da hatte der Kater Paul plötzlich eine ganz andere Idee! Die Lust zur Arbeit war ihm ziemlich schnell vergangen. Er holte einen großen Korb aus der Mühle und Hanna musste die restlichen Vorräte zusammenpacken. Der Kater steckte die Federn links und rechts in den Korb, den Proviant hängten sie außen dran. Dann stiegen die zwei Katzen in den Korb, und die Zauberfedern trugen sie hoch hinauf in den Himmel.

Die Urenkel der Piraten

Es waren einmal drei Katzen, die lebten in einem kleinen Dorf am Meer. Sie hießen Flint, Kidd und Singleton. Aus den Erzählungen ihrer Eltern wussten sie, dass ihre Urgroßväter Piraten gewesen waren.

Unweit des Dorfes, in einer Felsenbucht, stand noch ein morscher Bootsschuppen, und in dem Schuppen lag das uralte Piratenschiff, mit dem die Urgroßväter der drei Katzen gesegelt waren, vor Anker. Auch das Schiff war schon ziemlich wurmstichig und würde wohl bald auseinanderfallen und versinken.

Flint, Kidd und Singleton trafen sich von Zeit zu Zeit in dem Bootsschuppen. Dann betrachteten sie das alte Segelschiff und träumten davon, wie ihre Urgroßväter die Meere unsicher zu machen.

Eines Tages fand Singleton beim Herumstöbern in der Kajüte des Schiffes ein Geheimfach. In dem Fach lag ein Schatzplan. Die drei Katzen studierten aufgeregt den Plan, in dem ganz genau eine Insel mit einer Lagune eingezeichnet war. In die Lagune war ein Kreuz gemalt, dort musste der Seeräuberschatz liegen!

Der Entschluss war schnell gefasst: Flint, Kidd und Singleton wollten den Schatz ihrer Urgroßväter heben! In den nächsten Wochen setzten sie das alte Segelschiff instand und bauten es zu einem Dampfer um. Dann zogen sie die Seeräuberkleidung ihrer Urgroßväter an und fuhren aufs Meer hinaus.

Es war eine wunderschöne Fahrt, alles ging glatt und nach zwei Wochen sichteten sie die Insel. Sie fanden eine Einfahrt in die Lagune und dampften zu der Stelle, die auf dem Plan angekreuzt war. Hier musste

der Schatz liegen! Das Wasser in der Lagune war glasklar, man konnte bis auf den Grund sehen. Und tatsächlich lagen dort unten mehrere Schatztruhen, doch sie waren alle aufgebrochen und leer. Den Schatz musste sich schon jemand anders geholt haben.

Als die drei Katzen so hinunterstarrten, schwamm plötzlich ein riesiger, golden glänzender Fisch vorbei. Ob der vielleicht den Schatz gefressen hatte?

Der Schatz der Elster

Der Herbst war in diesem Jahr kühl und es regnete oft und viel. Der arme Hamster Harry vertrug die Kälte und Nässe überhaupt nicht. Seit Wochen fühlte er sich kränklich und kraftlos, und er hatte einen Husten, der nicht weggehen wollte.

Vorräte für den Winter hatte er auch noch nicht genügend gesammelt. Er war einfach zu schwach, um seine feuchte Höhle zu verlassen. Es sah also gar nicht gut aus für den Hamster Harry.

Aber wie schön, dass es Lila, die Maulwürfin, gab! Sie wohnte nicht weit weg von Harry und kam öfter in seine Höhle, um zu schauen, wie es ihm ging, und um ihn zu trösten. Natürlich brachte sie ihm auch den einen oder anderen Leckerbissen mit, damit der Hamster wieder zu Kräften käme.

Eines Tages saß Lila wieder auf Harrys Bett und hielt seine Hand.

»Hier ist es so feucht!«, sagte sie. »Harry, du gehörst eigentlich sofort in den Süden. Ans Meer, wo es warm ist, damit dein Husten endlich vergeht!«

»Ach ja«, seufzte der Hamster. »Wie recht zu hast, Lila, aber ich kann mir so eine Reise nicht leisten …« Während die beiden plauderten, warf eine Elster eine gestohlene Perlenkette in den hohlen Baum, genau über der Hamsterhöhle. Diese Elster benutzte seit Jahren den hohlen Baumstamm als Lager für ihr Diebesgut. Sie flog in die Städte und Dörfer ringsum und suchte nach offenen Wohnungsfenstern. Sah sie in einem Raum etwas glitzern – schon war sie drin, schnappte das Schmuckstück mit dem Schnabel und brachte es zu ihrem Schatzbaum.

Mit der Zeit hatte sie so einen gewaltigen Schatz zusammengetragen. Und es hätte wahrscheinlich nie irgendjemand von diesem Schatz erfahren, wenn es nicht in diesem Herbst so viel geregnet hätte! Durch die Feuchtigkeit war das Wurzelwerk des Baumes locker geworden.

Als die Elster nun diese eine Perlenkette in den Baum warf, gab der Boden der Baumhöhlung nach, und mit einem hellen Rasseln und Klimpern purzelte und strömte der gesamte Inhalt des Baumstamms in die Hamsterhöhle hinunter! Harry und Lila schraken zusammen. Zuerst glaubten sie, dass ein Erdbeben anfinge, doch dann sahen sie voller Verblüffung den glitzernden Schatzhaufen ...

Selbstverständlich sind die beiden noch in derselben Woche in den warmen Süden gereist. Und soviel man weiß, werden sie auch so schnell nicht mehr zurückkommen!

Die fliegende Untertasse

Eines Abends entdeckten die Mäuse Bimbi und Gertrud im Wald ein altes, verwittertes Haus. Sie schlichen vorsichtig hinein. Bis auf einige von Holzwürmern zerfressene Möbel war das Haus leer. Die Möbel hatten riesige Ausmaße.

Ohne Zweifel musste hier einmal ein Riese gewohnt haben! Bimbi und Gertrud besichtigten alles und beschlossen dann, in dem Haus zu übernachten. Das Bett des Riesen konnten sie nicht benutzen, da es vermodert und zusammengebrochen war. Aber in einem anderen Raum fanden sie eine große Untertasse aus Porzellan, die ihnen sehr gefiel. Sie breiteten Decken hinein und machten daraus ein bequemes Bett. Kurz darauf waren die beiden Mäuse eingeschlafen.

Doch mitten in der Nacht passierte etwas! Die Untertasse erhob sich vom Boden und schwebte mitsamt den schlafenden Mäusen zur Tür hinaus. Sie stieg in den nächtlichen Himmel auf und flog mit hoher Geschwindigkeit in Richtung Süden davon. Als die Mäuse aufwachten, dämmerte bereits der Morgen, und die fliegende Untertasse sauste über dem Meer dahin. Bimbi und Gertrud erschraken.

»Dieser Riese muss auch ein Zauberer gewesen sein!«, sagte Bimbi. »Die Untertasse ist verzaubert. Sie steigt in die Luft, wenn man sich hineinsetzt!«

»Ja«, sagte Gertrud, »aber ich frage mich, wie man das Ding anhält? Wir können doch nicht endlos so weiterfliegen!«

Dann tauchte die Wüste unter ihnen auf. Bimbi und Gertrud mach-

ten sich immer größere Sorgen. Plötzlich sahen sie einen Fuchs auf einem fliegenden Teppich! Sie winkten ihn heran und fragten ihn, wie man so eine Untertasse anhält.

»Keine Ahnung«, sagte der Fuchs. »So ein komisches Ding habe ich noch nie geflogen. Aber versucht es doch einfach mal so: Schlagt mit der flachen Pfote zweimal auf den Rand und sagt: Bitte landen!«

Bimbi und Gertrud klopften sofort auf den Rand der Untertasse und riefen: »Bitte landen! Bitte landen!«

Tatsächlich wurde die fliegende Untertasse sogleich langsamer und schwebte dem Boden zu. Bei einem großen Kaktus setzte sie auf. Nun war den beiden Mäusen wohler. Der Fuchs lud sie auf sein Wüstenschloss ein, das gleich in der Nähe stand. Er war neugierig geworden und wollte herausfinden, woher die beiden Mäuse kamen. Das musste ja ein merkwürdiges Land sein, wo die Leute statt auf ordentlichen Teppichen mit Untertassen durch die Luft reisten und dabei nicht einmal wussten, wie sie landen sollten!

Der Pinguinkönig

Der König der Pinguine im Eisland, Buffopango III., schlief in seinem weichen Schneeballbett bis weit in den Vormittag hinein. Kurz vor zwölf wachte er auf, kämmte mit dem Eiszapfenkamm sein Fell, schlüpfte in den schwarzen Frack, setzte sich die Krone auf und ging zur Mittagstafel.

Die Pinguinköche brachten ihm sein Mittagsmahl: Eisspaghetti mit Seetangsauce, Eisblumensalat und als Nachspeise eine große Portion Erdbeereis. Nach dem Essen holte Buffopango seine lange Pfeife und verließ das Schneeschloss. Paffend spazierte er durch den knirschenden Schnee. Der Wind heulte durch das Eisland; es war klirrend kalt und der Himmel hatte eine eisgrüne Farbe. Das war Buffopangos Lieblingswetter!

Aus einem Loch im Eis tauchte Samantha, die Seelöwin, auf. »Das Wasser ist heute herrlich kalt! Willst du nicht reinkommen? So ein kleiner Tauchausflug wirkt immer erfrischend!«

»Später vielleicht«, sagte der Pinguinkönig. »Im Moment bin ich in poetischer Stimmung. Horch, wie lieblich der Wind heute heult und wie zärtlich die Eiszapfen knacken und flüstern! Und der Himmel! Er hat heute das kälteste Eisgrün seit Langem. Leben wir nicht in einem wunderschönen Land, Samantha?«

»Nirgendwo kann es schöner sein!«, bestätigte die Seelöwin.

In diesem Augenblick fuhr brummend ein blaues Luftschiff vorbei. Kater Moccassim Zippelin saß darin. Er machte seine erste Reise um

die Welt. Brrr, dachte er, als er den Pinguinkönig und die Seelöwin sah. Was sind denn das für Leute, die bei so einer Kälte ins Freie gehen? Und ein Tier badet sogar! Scheußliches Land. Man wird ganz trübsinnig von diesem grünen Himmel und all dem Eis und Schnee. Ich bin froh, wenn diese Eiswüste überflogen ist! Mein braves Luftschiff, lass mich nicht im Stich! Sonnige Palmenstrände warten auf uns!

Die Touristen

Eines Tages hielt ein Zug im Bahnhof eines Alpendorfes. Zwei dickhäutige Urlauber stiegen aus: die Nilpferde Ottomar und Yolanda. Die Einheimischen starrten sie mit großen Augen an. Yolanda fragte nach dem nächsten Hotel. Dort nahmen die beiden das größte Zimmer und erschienen später in Landestracht zum Abendessen: Lederhosen und karierte Hemden. Der Wirt musste zwei Tische zusammenschieben, damit sie und die fünfgängige Mahlzeit, die sie bestellten, Platz hatten. Schlürfend und schmatzend machten sich die Nilpferde über die Speisen her. Die anderen Hotelgäste verließen schaudernd den Speisesaal, als sie sahen, wie sich die Nilpferde beim Essen aufführten. Die Wirtsleute brauchten danach zwei Stunden, um den verwüsteten Tisch und seine Umgebung sauber zu machen.

In der Nacht konnte niemand im Hotel schlafen, da die Nilpferde so laut schnarchten. Es klang, als ob irgendwo im Haus Lokomotiven ihren Betrieb aufgenommen hätten.

Am Morgen, nach einem nicht minder wüsten Frühstück, brachen Ottomar und Yolanda zu einer Wanderung in die Berge auf.

Die Hotelgäste und die Wirtsleute atmeten tief durch. Niemand hatte sich etwas zu sagen getraut. Die riesigen Nilpferde waren allen unheimlich.

Ottomar und Yolanda stapften inzwischen auf ihren dicken, kurzen Beinen den Weg zum Wasserfall hinauf und fanden alles, was sie sahen, ganz zauberhaft. Schließlich betraten sie polternd die kleine

Brücke über dem Wasserfall und Ottomar stieß vor lauter Freude einen röhrenden Jodler aus. Da begann ein roter Vogel, der sein Nest mit zwei Jungen auf dem Baum neben dem Wasserfall hatte, die beiden auszuschimpfen. Was er dabei sagte, verschweigen wir lieber.

Ob sich die Nilpferde danach rücksichtsvoller benommen haben? Vielleicht. Für eine kurze Zeit. Leider haben Leute mit dicker Haut meistens auch ein sehr kurzes Gedächtnis ...

Das letzte Flugzeug

Mireille war eine tollkühne Fliegerin! Vor Jahren hatte sie von einem reichen Onkel dreizehn Flugzeuge geerbt und einen Flugplatz noch dazu. Aber niemand wollte mit der leichtsinnigen Katze fliegen. Mireille ruinierte innerhalb von zwei Jahren zwölf Flugzeuge: Fünfmal stürzte sie ab und mit den restlichen Flugzeugen baute sie haarsträubende Bruchlandungen. Wie durch ein Wunder war ihr dabei nie etwas passiert. Und die Lust am Fliegen hatte sie auch nicht verloren.

So eine verrückte Katze!

Ihr neuer Freund hieß Ezechiel, ein Leopard. Der war auch ganz schön mutig, aber nicht so leichtsinnig wie Mireille. »Das letzte Flugzeug darfst du nicht verlieren, sonst bist du pleite«, sagte er zu Mireille. »Ich helfe dir, das Unternehmen wieder in Schwung zu bringen. Aber zuerst machen wir einen Probeflug, damit ich sehe, wie gut du fliegen kannst!«

Mireille war es recht. Beide stiegen in das Flugzeug und schon hoben sie ab. Der Start gelang, auch der Flug verlief harmonisch. Doch dann passierte wieder etwas! Mireille hatte nämlich vergessen, vor dem Start aufzutanken. Über einem Sumpfgebiet setzte der Motor plötzlich aus. Die Maschine trudelte dem Boden zu. Ezechiel sprang mit seinem Fallschirm ab. Mireille hatte natürlich keinen Fallschirm mitgenommen. Auf dem Bild sieht man, wo sie gelandet ist. Und wieder war ihr nichts geschehen! Allerdings war jetzt Schluss mit der Fliegerei, denn das war das letzte Flugzeug gewesen.

Mi-Ez 13

Als Ezechiel bei dem Turm ankam, schaute die Katze vergnügt aus dem Fenster. »Schau, Ezechiel«, sagte sie, »ist das nicht eine hübsche Behausung? Das ist jetzt unsere neue Wohnung. Ich wollte immer schon in einem Turm wohnen!«

Wirklich, eine verrückte Katze ...

Der gelbe Fisch

Till war ein besonders lieber Kater. Er hatte nämlich alle Tiere gern und ganz besonders die Mäuse.

Im Winter lebte Till mit zwölf seiner besten Mäusefreunde in einer gemütlichen Berghütte. Till war ein begeisterter Wintersportler. Er konnte ausgezeichnet Ski fahren und bergsteigen. Überhaupt gab es kaum eine Sportart, die Till nicht schon ausprobiert hatte. Auch Drachen fliegen konnte er und windsurfen und schwimmen und Rad fahren ...

Na, so ziemlich alles eben. Die zwölf Mäuse begleiteten Till überallhin. Meist trugen sie seine Ausrüstung oder machten sich auf sonstige Weise nützlich.

Wenn es Sommer wurde, zogen Till und die Mäuse in die Ebene. In diesem Sommer entdeckten sie eines Tages einen See. Sie machten eine lange Wanderung am Ufer des Sees entlang. Da machten sie eine zweite Entdeckung! Sie fanden ein Haus, das im Wasser stand und über eine Brücke zu erreichen war. Till und den Mäusen gefiel es auf Anhieb und sie beschlossen, hier den Sommer zu verbringen. Das Haus war zwar etwas verfallen, doch Till und die Mäuse reparierten es in wenigen Tagen.

Die Neuigkeit, dass das Haus im See nun bewohnt war, sprach sich schnell unter den Tieren rund um den See herum und bald darauf kamen immer mehr Mäuse zu dem Haus. Es gefiel ihnen so gut bei dem liebenswürdigen Kater, dass sie ebenfalls beschlossen hierzubleiben. Da das Haus für so viele Mäuse zu klein wurde, begannen die Mäuse, neue Wohnungen zu bauen. Sie errichteten einen Mäuseturm

mit Bootssteg und dahinter ein größeres Wohnhaus. Till hatte großes Vergnügen, den Mäusen beim Bauen zuzusehen.

Eines Tages blickte er zufällig ins Wasser und sah einen wunderschönen Fisch vorbeischwimmen. Das Wasser war hier sehr klar. Man konnte bis auf den Grund des Sees schauen. Der Fisch war von strahlend gelber Färbung, durch die sich leuchtend rote Längsstreifen zogen.

Ein ganz seltener Fisch! Till wollte mit ihm bekannt werden, denn so ein Fisch fehlte noch in seinem weiten Freundeskreis. Der Kater warf am nächsten Tag Kuchenstücke ins Wasser und wartete. Und wirklich, es dauerte gar nicht lange und der gelbe Fisch kam angeschwommen. Er schwamm zur Oberfläche und aß die Kuchenstücke. Till versuchte, mit ihm zu sprechen, doch der Fisch konnte leider nicht antworten, da Fische ja stumm sind. Doch er machte Zeichen mit seinen Flossen, dass Till zu ihm ins Wasser kommen solle. Glücklicherweise besaß Till eine Taucherausrüstung. Er zog sie an und tauchte in den See hinunter.

Der Fisch freute sich sehr, als er das sah. In den nächsten Wochen entwickelten die beiden eine Zeichensprache, mit der sie sich gut verständigen konnten. Der gelbe Fisch erzählte Till viele Unterwassergeschichten, die sehr spannend waren. Man sollte nicht glauben, was so ein Fisch alles erleben kann! Und am Abend erzählte Till die Geschichten seinen Mäusen weiter.

In diesem Sommer verbrachte der Kater wohl die meiste Zeit unter Wasser.

Odilo und Olympia

In einem kleinen, alten Städtchen, in dem größtenteils Katzen wohnten, lebten auch zwei große Bären. (Und zwar in dem Haus gleich beim Stadttor.) Sie hießen Odilo und Olympia.

Obwohl man es ihnen vielleicht nicht ansah, waren Odilo und Olympia zwei viel beschäftigte Bären. Odilo war Reporter bei der Stadtzeitung und Olympia war Katzenärztin. Besonders jetzt im Winter war das Wartezimmer ihrer Praxis immer voll mit Patienten, denn Katzen sind kälteempfindliche Wesen und bekommen leicht Schnupfen und ähnliche Wehwehchen. Bei Odilo war es mit der Arbeit nicht viel anders. Zeitungsleute müssen immer über das Neueste informiert sein, sie sind immer auf der Jagd nach frischesten Ereignissen, denn wer will schon alte Nachrichten lesen?

Die beiden Bären sahen einander tagsüber also selten, und am Abend waren sie so müde, dass sie nur zwei, drei Sätze wechselten und dann ins Bett fielen und sofort einschliefen.

Durch das viele Arbeiten wurden sie seltsamerweise nicht dünner, sondern immer dicker. Irgendetwas musste passieren! Wenn sie schon nicht für längere Zeit auf Urlaub fahren konnten, so mussten sie wenigstens für ihre spärliche Freizeit eine erholsame Beschäftigung finden.

Olympia hatte schließlich eine gute Idee. Sie kaufte zwei Paar Schlittschuhe! So zogen nun die Bären jeden Nachmittag eine Stunde lang ihre Schleifen auf dem zugefrorenen Teich vor der Stadt.

Der sanfte Drache

Leslie, der kleinen Katze, ging es nicht gut. Ihre Eltern hatten in letzter Zeit oft Streit, sie kümmerten sich nicht mehr um sie. Die Stimmung im Katzenhaus war kaum noch auszuhalten.

Leslie fürchtete sich immer mehr vor der Schule, weil sie immer weniger lernte, je mehr zu Hause gestritten wurde.

Eines Morgens riss die kleine Katze aus! Sie füllte ihre Schultasche mit Lebensmitteln und wanderte davon. Nie mehr wollte sie nach Hause zurückkehren, das schwor sie sich, und es war ihr ganz gleichgültig, wohin sie ging und was mit ihr und allen anderen auf der Welt geschehen würde ...

Zu Mittag kam die Katze zu einem niedrigen Sandsteingebirge. Zwischen den Felsen entdeckte sie einen kleinen See. Hier beschloss Leslie, Rast zu machen. Sie suchte ein schattiges Plätzchen, bog um einen Felsen und stand plötzlich vor einem schlafenden Drachen! Das heißt, eigentlich war nur sein Kopf und ein Stück des Halses zu sehen. Sein Körper war in einer Höhle verborgen. Es sah aus, als ob der Drache Wasser aus dem See getrunken hätte und danach in der Sonne eingeschlafen wäre. Doch der Drache schlief nicht wirklich. Er hatte Leslie schon lange kommen hören. Nun öffnete er seine lustigen Augen und sagte mit tiefer, sanfter Stimme: »Ich rieche Butterbrot und Wurst! Gibst du mir was ab, kleine Katze? Ich heiße Verdenand, und wie heißt du?«

»Leslie!«, sagte Leslie und packte ihre Jausenbrote aus. Sie hatte über-

haupt keine Angst. Man sah ja auf den ersten Blick, dass das ein ganz lieber Drache war! Der Drache aß leise schmatzend das Butterbrot und Leslie gab ihm auch noch die Wurst, die sie mithatte. »Darf ich dich berühren?«, fragte Leslie. »Aber jaaa ...«, sagte der Drache Verdenand. Leslie kraulte ihn am Hinterkopf. Er fühlte sich überraschenderweise ganz weich an. »Erzähl mir was von dir, Leslie«, sagte der Drache. Und die Katze schilderte ihm alle ihre Probleme, die ihr mit einem Mal gar nicht mehr so schwer vorkamen ...

Gegen Abend kam Leslie gut gelaunt nach Hause. Ihre Eltern hatten sich schon große Sorgen um sie gemacht und waren froh, dass sie sie wiederhatten. Von diesem Tag an stritten sie viel weniger miteinander. Leslie verriet niemandem etwas von dem Drachen Verdenand. Heimlich besuchte sie ihn mindestens einmal in der Woche. Es stellte sich heraus, dass der Drache sehr gebildet war. Er sprach mehrere Sprachen, konnte hervorragend rechnen und half Leslie bei den Hausaufgaben. Nur hungrig war er immer, und Leslie hatte es nicht leicht, ihren Eltern zu erklären, wieso sie auf einmal so viel Wurst und Brot verbrauchte, ohne dabei auch nur ein Gramm zuzunehmen ...

Die Flüchtlinge

Das war ein unglücklicher Sommer für das Mäuseland! Zuerst hatten schwere Stürme starke Schäden im ganzen Land angerichtet und kurz darauf überschwemmten heftige Regenfälle weite Teile des Landes. Fast ein Drittel der Mäusehöhlen stand unter Wasser und viele Mäusefamilien waren auf der Suche nach einem neuen Heim.

So auch Familie Braunhaar. Eines Nachts erreichte das Hochwasser auch ihre Höhle. Es blieb gerade noch Zeit, die notwendigsten Habseligkeiten in Koffer und Rucksäcke zu packen. Als der Morgen graute, zogen Vater und Mutter Braunhaar mit ihren zwei Söhnen auf gut Glück in Richtung Süden los. Sie wanderten den ganzen Tag. Wegen der Überschwemmungen mussten sie viele Umwege machen und gegen Abend kamen sie in einen großen Wald. Hier machten sie ein Lagerfeuer und aßen die Reste ihres Proviants. Alle waren gedrückter Stimmung, denn sie wussten weder, wo sie waren, noch, wohin sie sich wenden sollten.

Da trat plötzlich aus dem Wald ein Mäuserich, der hatte einen verwegenen Schnurrbart, trug einen hohen Hut und in seinem Gürtel steckte ein Säbel. In seinen Händen hielt er eine Glühwürmchenlaterne. So konnte nur ein Räuber aussehen! Familie Braunhaar wurde misstrauisch. Aber der Fremde war äußerst freundlich, stellte sich als Oswin Grünhutt vor und sagte, dass er schon vielen Flüchtlingen geholfen habe. Er wisse einen Ort, wo sie sicher unterkommen könnten. Dann führte er die Mäuse tiefer in den Wald hinein, am felsigen Ufer

eines Waldsees entlang, bis sie schließlich bei einer Felsspalte ankamen. Eine Stiege führte hinein.

»Hier wären wir!«, sagte Oswin Grünhutt. »Die Laterne könnt ihr behalten. Steigt diese Treppe hinauf, dann kommt ihr in der Küche eines Schlosses heraus, wo man euch bestimmt Arbeit geben wird. Der Schlossbesitzer ist nämlich ein guter Freund von mir. Sagt, dass ich euch geschickt habe.«

Die Mäuse bedankten sich überschwänglich.

»Schon gut«, sagte Oswin Grünhutt. »Morgen besuche ich euch, doch jetzt muss ich nachschauen, ob ich noch weitere Flüchtlinge treffe.« Damit ging der seltsame Mäuserich fröhlich pfeifend davon.

Das Flammenauge

Im letzten Winter hatte sich Kater Alwin für Schmetterlinge zu interessieren begonnen. Angefangen hatte alles mit einem Besuch im Naturhistorischen Museum, wo Alwin von der Schmetterlingssammlung besonders begeistert gewesen war. Dann hatte er zufällig einen alten Schulfreund, den Kater Sandor, getroffen, und der hatte Alwin seine Schmetterlingssammlung gezeigt. Sandor war ein echter Schmetterlingsexperte. Er besaß an die tausend Schmetterlinge aus den verschiedensten Ländern und wusste alles über sie. Kater Alwin hatte ihn während des Winters oft besucht. Als es dann warm wurde und der Sommer kam, packte Alwin ebenfalls das Schmetterlings-Sammelfieber. Er kaufte sich ein Schmetterlingsnetz und eine Trommel, in die man die gefangenen Schmetterlinge hineingeben konnte, und machte sich auf die Jagd. Alwin durchstreifte Wiesen und Felder und schwang das Schmetterlingsnetz. Am ersten Tag fing er acht schöne Schmetterlinge. Doch zu Hause bekam der Kater ein großes Problem. Er brachte es einfach nicht übers Herz, die gefangenen Schmetterlinge zu töten. Dazu konnte er sich unmöglich überwinden und so ließ er sie wieder frei.

Doch die Schmetterlings-Sammelleidenschaft war noch nicht ganz erloschen. Am nächsten Tag ging Alwin wieder auf die Jagd. Am Nachmittag entdeckte er eine sonnige Waldlichtung, auf der viele interessante Schmetterlinge durch die Luft tanzten. Alwin lief ihnen mit den Netz nach. Plötzlich blieb er wie angewurzelt stehen. Wenige Meter vor ihm schwebte ein riesiger Schmetterling durch die Luft!

Die Ränder seiner Flügel waren gezackt und die Flügel selbst mit intensiv leuchtenden Augen gezeichnet. Der wunderbare Schmetterling schwebte vorbei, und Kater Alwin war es, als ob ihn die Augen vorwurfsvoll anschauten. Über den Wipfeln der Bäume verschwand dann der Schmetterling.

Von diesem Tag an hatte Kater Alwin nie mehr Schmetterlinge gejagt. Später fand er in einem Buch eine Abbildung dieses Schmetterlings. Er hieß »Flammenauge« und es gab nur ganz wenige Exemplare von ihm auf der Welt.

Sonnenuntergang

Es war einmal eine weiße Maus namens Candida und ein Mäuserich mit braunem Fell, der Ivo hieß. Die beiden lernten einander in einem Hafen kennen. Jeden Abend saßen sie am Kai und schauten den Schiffen zu. Sie träumten davon, auf einem dieser Schiffe in warme südliche Länder zu fahren, denn dort, wo Ivo und Candida lebten, war es die meiste Zeit des Jahres kalt. Doch die beiden Mäuse hatten kein Geld, um sich so eine weite Schiffsreise leisten zu können. Da fassten sie eines Tages den Entschluss, sich als blinde Passagiere auf ein Schiff zu schmuggeln und so in den warmen Süden zu kommen.

Candida und Ivo schlichen sich also an Bord eines Dampfers und versteckten sich im Laderaum. Sie fanden dort unten reichlich Zwieback und einige Flaschen Mineralwasser. Davon ernährten sie sich in den folgenden Wochen.

Ans Tageslicht trauten sie sich nicht, da sie kurz nach Abfahrt des Schiffes Stimmen von Katzen oben an Deck gehört hatten. Die Besatzung des Schiffes bestand also aus lauter Katzen!

Erst nach ungefähr drei Wochen, während eines Sturms, wagten sie sich aus ihrem Versteck. Als sie das Deck betraten, sahen sie, wie gerade eine hohe Welle über das Schiff schwappte und einen Kater in die See riss. Candida und Ivo überlegten nicht lange, sie nahmen ein Tau, banden es an der Reling fest und warfen es dem Kater zu. Dann kamen auch schon zwei kräftige Matrosenkatzen gelaufen und zogen den Verunglückten an Bord. Zufälligerweise war der gerettete Kater der Kapitän des Schiffes!

Die beiden Mäuse hatten von diesem Tag an ein feines Leben an Bord des Dampfers. Der Kapitän verwöhnte seine Lebensretter, so gut er nur konnte. Candida und Ivo durften sogar in der Kapitänskajüte schlafen. Als das Schiff dann im warmen Süden ankam, erfüllte der Katzenkapitän den größten Wunsch der beiden Mäuse. Er ließ ihnen auf einer Palmeninsel einen Bungalow bauen und versorgte sie mit Lebensmitteln für ein Jahr. Auch ein kleines Boot schenkte er ihnen.

So lebten nun Candida und Ivo glücklich und zufrieden auf ihrer Trauminsel. Jeden Abend ruderten sie aufs Meer hinaus und beobachteten den herrlichen Sonnenuntergang ...

Frohe Weihnachten!

Oben im Nordpolland, inmitten von Schnee und Eisbergen, umgeben von eiskaltem Wasser, standen drei turmähnliche Gebäude. Einer dieser Türme war ein Observatorium, die beiden anderen dienten als Wetterbeobachtungsstationen. Da es dort im Norden so eisig kalt war, wurden diese Beobachtungstürme ausschließlich von Eisbären betrieben. Die halten nämlich fast jede Kälte aus, das Nordpolland ist ja ihre Heimat.

Vor Kurzem aber brachte das Versorgungsflugzeug eine Braunbärin in den Norden. Sie hieß Bärnarda und war eine ausgebildete Wetterforscherin. Bärnarda hatte sich schon immer gewünscht, einmal in dem Eisland zu arbeiten, und sie war schließlich in den Norden versetzt worden.

Da sie die Kälte nicht so gut aushielt wie ihre Eisbärkollegen, blieb sie meistens in der geheizten Wetterstation. Die Arbeit machte ihr Freude und die Zeit verging rasch.

Nur kurz vor Weihnachten bekam Bärnarda mit einem Mal so etwas wie Heimweh nach dem Süden. Sie dachte an die grünen Nadelwälder und daran, dass jetzt bald zu Hause die Weihnachtsbäume geschmückt würden. Da erzählte ihr ein Arbeitskollege, dass im nahen Observatorium eine Eisbärfamilie wohnte. Sie hatten einen kleinen Sohn.

Bärnarda kam eine Idee. Sie bastelte einige Spielsachen und verpackte sie schön weihnachtlich. Am 24. Dezember rief sie im Observatorium an und fragte, ob sie zu Besuch kommen dürfe. Die Eisbären waren sehr erfreut, und Bärnarda lud die Geschenke auf einen Kajak und paddelte zu ihnen hinüber.

Elias, der Löwe

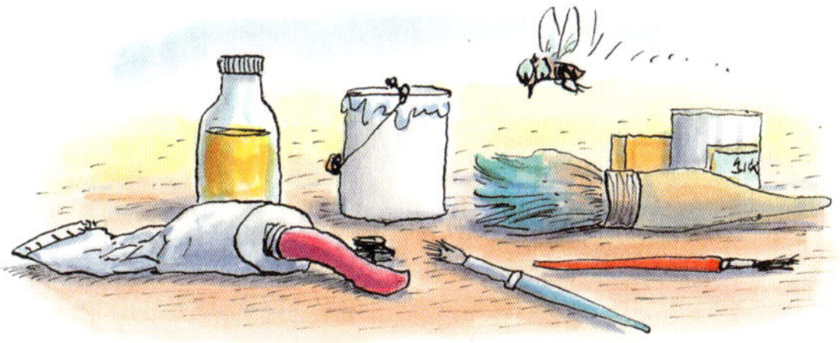

Elias, der Löwe, war ein berühmter Maler. Seine wunderbaren, leuchtenden Bilder hingen in allen großen Museen der Welt. Und die reichen Sammler rissen sich um seine Werke. Elias malte nicht nur Ölbilder, die man sich gerahmt an die Wand hängt, er bemalte auch ganze Wände und Decken in Schlössern und anderen prachtvollen Gebäuden. Gerade vor drei Wochen hatte Elias so einen Großauftrag bekommen. Der Graf Wildschwein wollte ein Deckengemälde im Prunksaal von Schloss Eberwald haben. Elias und sein Gehilfe, der Kater Fritz, packten ihr Malgerät zusammen und übersiedelten für einige Monate auf Schloss Eberwald.

Um die Decke des Saales bemalen zu können, mussten sie zuerst ein hohes Gerüst aufstellen. Und beim Bau dieses Gerüstes passierte es!

Eine Planke brach durch und Elias fiel hinunter. Es war ein Fünf-Meter-Sturz. Der Löwe landete auf seinem Hinterteil und verstauchte sich den Rücken. An Malen war vorerst nicht mehr zu denken. Elias musste einige Wochen lang ruhig liegen. Selbstverständlich durfte er auf dem Schloss bleiben. Der Graf Wildschwein sorgte dafür, dass es dem Löwen an nichts fehlte. Als es Elias besser ging, bekam er einen Rollstuhl. Kater Fritz schob ihn nun jeden Tag durch die weite Gartenanlage des Schlosses und Elias fühlte sich von Tag zu Tag besser. Bald würde er die Arbeit an dem Deckengemälde wieder aufnehmen können. Und wenn er mit der Malerei fertig war, würde er eine Reise in den Süden machen, um sich in der Sonne vollends zu kurieren. Eines Tages, als Fritz den Löwen wieder durch den Schlosspark schob,

stand plötzlich ein blauer Vogel vor ihnen. Der Vogel trug eine Schatulle bei sich. Er verneigte sich und sagte, dass er ein Abgesandter des großen Vogelkönigs Titzlitatl sei. Sein König kannte und liebte Elias' Malerei, und er ließ anfragen, ob Elias bereit sei, zwölf Zimmer in seinem Schloss zu bemalen. Eine Anzahlung auf das Honorar hatte der Gesandte bereits mitgebracht. Er öffnete die Schatulle und zeigte Elias fünfzig wertvolle Edelsteine. Elias hatte nur noch eine Frage. »Ist es in dem Land, aus dem du kommst, warm? Scheint dort auch die Sonne?«

»Seeeehrrr warrrm!«, sagte der Vogel. »Viiiiel Sonne dort. Ist das Land von Sonnengott!«

»Auftrag angenommen!«, sagte Elias und nahm die Schatulle in Empfang.

Die Farben des Herbstes

Die Malerin Rosa Maus malte fast alle ihre Bilder im Atelier. Nur im Herbst verließ sie ihr Atelier, um auch im Freien zu malen. Der Herbst war Rosas liebste Jahreszeit. Da gab es so viele überraschende Farbschattierungen in der Landschaft.

Nun, eines schönen Tages im November packte die Malerin Leinwand, Staffelei und Farben zusammen und wanderte zu einem stillen Gebirgssee in der Nähe ihres Hauses. Sie kannte dort einen schönen ebenen Platz auf einem Felsen, von dem aus sie den gesamten See mit den Wäldern und Bergen im Hintergrund überblicken konnte. Dort stellte sie ihre Staffelei mit der Leinwand auf und begann mit großzügigen Pinselstrichen zu malen.

In dem hohlen Baum hinter ihr wohnte ein kleiner, grüner Bergtroll, der schaute ihr beim Malen zu. »Das ist aber ein komisches Bild!«, sagte er, als Rosa bald fertig war. »Man sieht doch darauf gar nicht den See und die Berge. Wie heißt denn dieses Bild?«

»Das Bild heißt: Die Farben des Herbstes«, sagte Rosa Maus. »Es stimmt, man sieht darauf nicht den See und die Berge. Ich habe nur den Herbst gemalt, meine Gefühle, wenn ich diese Landschaft betrachte.«

»Ach, jetzt verstehe ich«, sagte der Troll. »Sehr interessant.«

Plötzlich kam ein heftiger Wind auf und riss das Bild von der Staffelei. Es segelte davon und verschwand zwischen den Bäumen am Seeufer.

Rosa Maus stieg in den Wald hinunter und holte das Bild zurück.

Es hatte zwei Risse und etliche Blätter, Tannennadeln und Steinchen klebten auf der frischen Farbe.

»Schade um das schöne Bild«, sagte der Bergtroll. »Nun ist es verdorben.«

»Aber überhaupt nicht!«, rief Rosa Maus. »Jetzt ist es vollkommen! Es hat doch der Herbstwind mitgearbeitet und sich mit zwei Rissen verewigt! Und die Blätter, die darauf kleben, sind mir auch willkommen. Das Bild hat jetzt eine Geschichte, jetzt lebt es erst richtig!«

Die Zauberkünstlerin

Eines Tages hing ein neues Plakat über dem Eingang des Stadttheaters von Katzenstadt.

Vanessa, die große Zauberkünstlerin, wurde angekündigt. In wenigen Stunden waren die Karten für die erste Vorstellung restlos ausverkauft. Die Bewohner von Katzenstadt liebten Zaubervorstellungen noch mehr als Theatervorführungen. Etliche berühmte Zauberkünstler hatten in ihrem Theater schon gastiert. Vom großen Magier Schnurrian bis zum unglaublichen Kater Katzopopov. Aber einen weiblichen Zauberkünstler hatten sie noch nicht erlebt. Ob diese Vanessa wohl ebenso gut war wie ihre Kollegen? Einige bezweifelten es. Besonders ein Kater namens Franz Murr machte ständig abfällige Bemerkungen. Am Abend dann saß er bei der Vorstellung in der ersten Reihe.

Vanessa trat auf und begann mit einfachen Kartenkunststücken. Kater Murr in der ersten Reihe sagte ganz laut: »Wie ich es mir gedacht habe! Ganz billige Tricks sind das!«

Vanessa tat, als ob sie ihn nicht gehört hätte. Sie zauberte einen Papierblumenstrauß aus einer Vase und einen Hasen aus einem Zylinderhut. Nach jedem Kunststück machte Kater Murr missbilligende Bemerkungen. Schließlich kam die große Nummer mit der Katze im dreiteiligen Kasten, den Vanessa mit sieben Schwertern durchbohrte. Das Publikum war tief beeindruckt. Nur Kater Murr nicht.

»Nichts Besonderes«, murrte er. »Habe ich schon tausendmal gesehen!«

Da hatte Vanessa genug. Sie ging zum Rand der Bühne vor, sah Kater Murr fest in die Augen und murmelte unverständliche Sätze.

Kater Murr wurde stocksteif und begann plötzlich zu schweben! Im Saal wurde es mucksmäuschenstill. Vanessa hob ihre Pfoten und murmelte wieder etwas. Der Kater schwebte nun eine Runde durch den Zuschauerraum, dann ließ ihn Vanessa recht unsanft wieder auf seinen Sitzplatz fallen. Kater Murr blinzelte und schaute erstaunt um sich. Das Publikum applaudierte wie verrückt. Kater Franz Murr gab den Rest der Vorstellung keinen Laut mehr von sich. Alle waren der Meinung, dass dies die beste Zaubervorführung gewesen war, die sie je gesehen hatten.

Der Wanderbaum

An einem Septembertag entdeckten die beiden Eichkatzen Schorsch und Mizzi in ihrem Wald einen seltsamen Baum. Er hatte einen dicken Stamm und ein großes Loch, innen war er hohl.

»Komisch, ich kenne jeden Baum in unserem Wald, aber diesen habe ich bis jetzt noch nicht gesehen!«, sagte Schorsch.

Sie kletterten in den hohlen Stamm.

»Hier gefällt es mir!«, sagte Mizzi. »So ein geräumiges Baumzimmer habe ich mir immer schon gewünscht. Nehmen wir ihn als neue Wohnung? Was meinst du?«

»Ich weiß nicht, irgendetwas stimmt mit diesem Baum nicht«, sagte Schorsch. »Er ist anders als die anderen Bäume.«

»Da hast du recht!«, sagte plötzlich der Baum mit tiefer, aber sympathischer Stimme. »Bitte, erschreckt nicht, weil ich sprechen kann. Ihr dürft gern bei mir bleiben, wenn ihr wollt. Aber ich bin ein ganz besonderer Baum! Ich kann gehen! Ich bin ein Wanderbaum und hier nur auf der Durchreise. Morgen früh gehe ich weiter. Wenn ihr möchtet, könnt ihr mitkommen.«

Als sich Schorsch und Mizzi von ihrem ersten Schreck erholt hatten, fanden sie die Idee, in einem gehenden Baum durch die Welt zu reisen, gar nicht übel. Ja, je mehr sie es sich überlegten, desto begeisterter wurden sie. Noch am selben Tag trugen die zwei Eichkatzen alle ihre Nussvorräte in den sprechenden Baum. Sie breiteten feinstes Stroh in das Baumzimmer, legten sich hinein und schliefen ein.

Als sie erwachten und aus dem Baumfenster schauten, sahen sie, dass der Baum schon eine Strecke marschiert war. Wunderbar war das! Die beiden Eichkatzen kamen auf diese Weise weit herum. Sie sahen viele fremde Länder und hatten eine Menge schöner Erlebnisse. Aber sie gerieten auch in gefährliche Situationen.

Einmal durchquerte der Baum eine weite Wüste. Er konnte in dem trockenen Sand kein Wasser finden und war schon sehr durstig. Zu allem Übel wurden sie auch noch von wilden Hyänen verfolgt. Der Baum nahm seine ganzen Kräfte zusammen und lief los. Er konnte sehr schnell laufen, wenn er sich anstrengte! Die Hyänen gaben bald die Verfolgung auf.

Endlich, gegen Abend, fanden sie am Rand der Wüste ein Wasserloch. Der Baum stellte sich erschöpft hinein und trank mit seinen Wurzeln drei Tage lang. Dann konnte er mit frischen Kräften weiterwandern. Langweilig wurde es den beiden Eichkatzen nie!

Der fliegende Teppich

Jedes Jahr zu Weihnachten besuchten die zwei kleinen Katzen Karina und Nikolai mit der Mama ihren Onkel Konstantin. Onkel Konstantin wohnte in einem Schlösschen, das auf einem Hügel stand. Karina und Nikolai freuten sich schon Wochen vorher auf diesen Besuch. In Onkel Konstantins Schlösschen war es immer so gemütlich und man konnte dort so viele merkwürdige Dinge entdecken. Die Zimmer des Schlösschens waren nämlich voll mit lauter Gegenständen, die der Onkel von seinen weiten Reisen mitgebracht hatte. Das tollste Ding war Onkel Konstantins fliegender Teppich. Schon zur Begrüßung riefen die beiden Katzenkinder: »Onkel Konstantin, wo ist dein fliegender Teppich? Machen wir wieder einen Rundflug?«

Und der Onkel sagte: »Nein, Kinder, heuer nicht. Es ist so kalt draußen. Schaut, was ich für Geschenke für euch habe!«

Er wollte Karina und Nikolai zwei Päckchen geben, doch die waren bereits in das Schlafzimmer des Onkels gelaufen und hatten den fliegenden Teppich und Onkels Eisbärpelzmantel aus der Truhe gefischt. »Bitte, bitte, Onkel, nur einmal ums Schloss fliegen, bitte!«, bettelten die Katzenkinder. Sie wussten genau, dass der Onkel nicht Nein sagen konnte.

Und richtig: »Also gut«, sagte er. »Wenn es eure Mama erlaubt ...«

Die Mama erlaubte es. Kater Konstantin zog seufzend seinen warmen Eisbärpelz an, setzte die Fliegerbrille auf und breitete den Teppich vor dem Schlosstor aus. Er setzte sich darauf, die Kinder

luden ihre Geschenkpakete auf den Teppich (die wollten sie unbedingt mitnehmen, obwohl sie sie noch gar nicht ausgepackt hatten). Dann kletterten sie auf Onkels Schoß, der murmelte was (klarerweise den Zauberspruch, der den Teppich zum Fliegen brachte) und schon schwebten sie durch die Luft!

Drei weite Runden musste Kater Konstantin um das Schlösschen fliegen, bis die Kinder zufrieden waren. Und es war ganz schön frostig an diesem Tag. Die Teppichfransen hatten Eiszapfen bekommen und auch des Onkels Schnurrbart und Schwanz waren ganz vereist, als sie endlich in das warme Schloss zurückkehrten.

Die Altwarenhändler

Waldemar Graubär handelte mit Altwaren. Auf fünf Inseln betrieb er seine Geschäfte. Waldemar hatte ein Segelboot, damit fuhr er von Insel zu Insel und kaufte allen alten Plunder zusammen, den er kriegen konnte.

Oft bekam er bei Entrümpelungen auch ganze Bootsladungen geschenkt. Manchmal waren gute Stücke darunter, aber der Großteil dieser Gegenstände war nicht viel wert. Der Bär hatte einen Geschäftsteilhaber, einen Partner – ein Schnabeltier, Fedor mit Namen. Fedor half Waldemar beim Verladen des Gerümpels, und auf See war er der Steuermann des Bootes. Einmal im Monat segelten die beiden mit einer vollen Bootsladung zur Hauptinsel und verkauften ihre Altwaren auf dem Flohmarkt. Den Gewinn teilten sie sich. Es blieb zwar nicht viel übrig, aber es reichte für die beiden zum Leben.

Bei einer solchen Fahrt zwischen den Inseln hatten Waldemar und Fedor einmal ein seltsames Erlebnis. Es war gegen Abend und es ging fast kein Wind. Das Boot bewegte sich nur langsam. Plötzlich plätscherte es neben dem Boot und ein unheimlich aussehender Meeresbewohner tauchte auf. Das Wesen war halb Fisch, halb Mann. Es schwamm näher und deutete immer wieder auf Waldemar. In seiner rechten Hand hielt es eine schöne Perle.

»Was möchtest du denn von mir?«, fragte der Bär. Das Wesen zeigte wieder auf ihn, dann auf sich und aufs Wasser.

»Ich soll ins Wasser kommen?«, fragte Waldemar. Der Meeresbewohner schüttelte heftig den Kopf. Die beiden brauchten eine Weile,

bis Waldemar endlich herausfand, was der seltsame Fischmann wollte. Den Spiegel wollte er haben, der hinter Waldemar lag! Der Bär reichte ihm den Spiegel hinunter und der Fischmann gab ihm dafür die Perle.

»Nein! Halt!«, rief Waldemar. »Die Perle ist viel zu kostbar!«

Aber da war das Fischwesen mit dem Spiegel schon untergetaucht. Seither warfen Waldemar und Fedor bei jeder Fahrt an jener Stelle alle alten Spiegel, die sie an Bord hatten, ins Wasser. Den seltsamen Fischmann aber haben sie nie mehr gesehen.

Der Mäusepalast

Der Winter war ganz plötzlich über das Land gekommen. Von einem Tag auf den anderen war es bitterkalt geworden, und dann hatte es zwei Tage lang ununterbrochen geschneit. Alles lag unter einer bläulich schimmernden Schneedecke.

Franz, das Wiesel, kroch aus seiner tiefen Erdhöhle. Er holte seinen Schlitten aus dem Schuppen und ging in den Wald, um noch etwas Brennholz zu sammeln. Franz belud den Schlitten und trat dann den Heimweg an. Es war ihm kalt, und er beeilte sich, nach Hause zu seinem warmen Ofen zu kommen.

Was werden jetzt wohl die Feldmäuse machen?, dachte er, während er so durch den Schnee stapfte. Die große Familie von Arthur zum Beispiel? Den ganzen Sommer über haben sie sorglos gelebt. Sie haben ihre Höhle viel zu seicht gegraben und bestimmt nur wenige Vorräte angelegt. Die armen Mäuse müssen ja am Erfrieren sein! Franz Wiesel beschloss, bei den Mäusen vorbeizuschauen. Als er dort ankam, wo im Sommer der Eingang zur Mäusehöhle gewesen war, sah Franz Wiesel plötzlich einen hellerleuchteten Palast vor sich. Die Mäuse schauten aus den Fenstern, und Arthur trat aus der Tür und kam die breite Treppe herunter.

»Grüß dich, Franz!«, sagte Arthur. »Ist das nicht ein wunderschöner Wintertag?«

»Arthur!«, sagte das Wiesel erstaunt. »Wie kommt ihr denn zu diesem Palast? Ich glaub, ich träume!«

»Gefunden, einfach gefunden«, sagte Arthur und lachte. »Gut, die

Fenster und Türen, das Dach und die Treppe habe ich selber bauen müssen, aber der Rest war fertig.«

»Ich verstehe nicht«, sagte Franz Wiesel. »Wie kann man denn so einen Palast finden?«

»Sieh doch genau hin«, sagte Arthur. »Und denk an das, was die Menschen an den Füßen tragen.«

»Mich laust der Affe!«, sagte das Wiesel. »Der Palast ist bloß ein alter Stiefel!«

»Genau, ein alter Stiefel«, sagte der Mäuserich. »Mit ein bisschen Phantasie kann man aus einem alten Stiefel einen Palast machen!«

»Ihr Mäuse seid richtige Tausendsassas«, sagte Franz Wiesel. »Um euch braucht man sich wirklich keine Sorgen zu machen!«

Das Findelkind

Als eines Morgens Otfried und Zita, die beiden Fischerkatzen, ihr Häuschen verlassen wollten, erlebten sie eine riesige Überraschung! Jemand hatte einen Korb mit einem kleinen Elefantenkind vor ihrer Haustür abgestellt! Einige Sekunden lang waren die beiden Katzen sprachlos. Da wachte der kleine Elefant auf und begann zu weinen.

Zita nahm den Korb und trug ihn ins Haus. »Er ist bestimmt hungrig!«, sagte sie. »Lauf schnell zum Bauern und hole eine Kanne Milch, Otfried!« Kater Otfried holte Milch, und als der Elefant getrunken hatte, schlief er wieder ein. Die zwei Katzen gaben dem Findelkind den Namen Ferdinand.

Kater Otfried fuhr mit seinem Boot weiterhin auf den See hinaus und fing Fische, die er auf dem Markt verkaufte. Doch der Elefant Ferdinand wurde schnell größer. Ein eigenes Haus musste für ihn gebaut werden, da er bald sicher nicht mehr durch die Tür der Fischerhütte passen würde! Und er aß auch so viele Bananen!

Otfried hatte große Sorgen, ob er sich das alles auf Dauer leisten konnte. Mit dem Fischfang verdiente er bei Weitem nicht genug Geld, um ein eigenes Haus für Ferdinand zu bauen.

Nun war es aber so, dass den Leuten im nahe gelegenen Dorf aufgefallen war, dass bei Otfried und Zita jemand Besonderes wohnte. Ferdinand trompetete nämlich sehr laut, auch in der Nacht. Es dauerte nicht lange, und viele Besucher wanderten täglich zum Fischerhaus, um den Elefanten zu sehen. Otfried und Zita glaubten, dass Ferdinand

die vielen Leute nicht passen würden, aber genau das Gegenteil war der Fall! Er lachte, machte Faxen, trompetete in allen Tonlagen und unterhielt sein Publikum nach sämtlichen Regeln der Kunst. Otfried und Zita sahen nun, dass Ferdinand der geborene Zirkuselefant war! Vielleicht waren auch seine Eltern beim Zirkus gewesen? Und so kamen Otfried und Zita auf die Idee, von allen Leuten, die Ferdinand sehen wollten, eine kleine Spende zu verlangen. Mit dem Geld, das dabei zusammenkam, bauten sie Ferdinand hinter der Fischerhütte ein Elefantenhaus.

Als der Elefant Ferdinand größer war, gab er dort jeden Abend eine Vorstellung. Und einige Zeit später gab Otfried die Fischerei ganz auf, und sie gingen alle drei zum Zirkus Zegretti, wo sie mit ihrer Elefantennummer viele Jahre lang ein großes Publikum begeisterten.

Das Bett im Baum

Der kleine graue Bär Matthias wohnte in einem Baumhaus am Ufer eines Teiches. Er wohnte schon lang darin. Vorher hatte es einem Dachs gehört. Es war ein sehr behagliches Baumhaus und hatte auch noch drei gemütliche Räume unter der Erde, zwischen den Wurzeln des Baumes. So hatte es der Bär im Sommer schön kühl und im Winter angenehm warm.

Eines Tages bekam Matthias Besuch aus Australien! Es war Curtis, der Koalabär, der langjährige Brieffreund von Matthias. Curtis wurde in einem der Zimmer unter der Erde einquartiert. Er fand alles sehr aufregend und interessant, denn hier war vieles ganz anders als in Australien. Matthias führte ihn jeden Tag herum und zeigte ihm die Gegend.

Sie machten lange Spaziergänge durch den Wald und plauderten mit allen Tieren, die hier lebten. Am besten gefiel Curtis der Nadelwald. Er liebte den würzigen Duft der Fichten und Tannen. Einmal kletterten sie auch einen Berg hinauf und statteten der Braunbärfamilie einen kurzen Besuch ab. Und noch weiter oben besuchten sie die Murmeltiere, mit denen sich Curtis besonders gut verstand.

Als der Tag der Abreise sich näherte, wollte Matthias Curtis noch eine besondere Überraschung bereiten. Am vorletzten Tag von Curtis' Aufenthalt zerlegte Matthias sein Bett und baute es zwischen den Ästen des Baumhauses wieder zusammen. Curtis half ihm dabei und fragte immer wieder, warum er das mache. Aber Matthias tat geheimnisvoll und verriet nichts. Am Abend stellte er noch zwei Gefäße mit Honigwasser in die Baumkrone und hängte eine Laterne auf. Dann

forderte er Curtis auf, sich neben ihn ins Bett zu legen. Sie deckten sich zu und warteten.

Bald darauf kamen die ersten Schmetterlinge herangeflogen. Das Licht und der süße Duft des Honigwassers hatten sie angelockt. Matthias und Curtis schauten mucksmäuschenstill den wunderschönen Schmetterlingen zu. Die Überraschung war gelungen. So nahe hatte der Koalabär noch nie zuvor so viele schöne Schmetterlinge gesehen!

Der geplagte Schriftsteller

Kater Gideon war ein Schriftsteller. Er lebte in einer behaglichen Wohnung in der Stadt. Gideon hatte sich vorgenommen, jedes Jahr einen Roman zu schreiben. Siebenmal war ihm dieses Kunststück schon gelungen. Sieben umfangreiche Bücher, mit seinem Namen auf dem Umschlag, standen im obersten Fach seines Bücherregals. Doch der neue Roman, der achte, wollte nicht in Schwung kommen.

Lag es an den neuen Nachbarn, die oft Klavier spielten? Oder an dem Lärm von der Baustelle vor dem Haus oder einfach daran, dass er die ganze Geschichte falsch angefangen hatte? Gideon kam jedenfalls nicht weiter mit seinem neuen Roman. Als Gideon nach drei Monaten immer noch auf Seite zwölf feststeckte, beschloss er, einen radikalen Ortswechsel vorzunehmen. Er packte seinen Schreibtisch, seinen Sessel, ein Zelt und Essens- und Trinkvorräte zusammen, mietete ein Flugzeug und ließ sich mitten in die Wüste fliegen.

Tisch und Sessel stellte er hinter einem Felsen auf. Herrlich, diese Stille, dachte Gideon, hier kann mich niemand stören! Zwei Tage lang ging alles gut. Gideon schrieb in diesen Tagen fast dreißig Seiten.

Doch leider war auch die Wüste nicht unbewohnt! Ab dem dritten Tag bekam der Kater einen lästigen Zaungast. Ein großer Geier tauchte auf, setzte sich auf den Felsen hinter Gideon und schaute ihm beim Schreiben zu. Wenn er es beim Schauen belassen hätte, wäre es ja noch erträglich gewesen. Aber der Vogel war furchtbar neugierig und quälte den Schriftsteller ununterbrochen mit Fragen über das Buch, das er da schrieb.

Gideon versuchte, den Vogel einfach nicht zu beachten, aber das ging nicht, und er kam nun gar nicht mehr weiter. Schließlich war Gideon so entnervt, dass er die Feder in den Sand warf. »Ich geb's auf!«, rief er. »Diesmal kann ich keinen Roman schreiben!«

Danach ging es dem Kater gleich viel besser. Und da nun ohnehin alles egal war, las er dem neugierigen Geier den angefangenen Roman vor. Da geschah etwas Erstaunliches! Der Geier war von dem Manuskript so begeistert, dass Gideon sofort Lust zum Weiterschreiben bekam. Und ab jetzt lief alles wie am Schnürchen. Der Roman schrieb sich wie von selbst. Alle zwei Stunden las der Kater dem Geier vor, was er geschrieben hatte. Ob das Buch nun wirklich gut war oder nicht – der Geier fand jeden Satz wunderbar!

Der gekränkte Hase

Oben in den Bergen stand das rosarote Haus der Familie Hase. Es war tiefster Winter. Der Hasenvater war gerade auf einer längeren Geschäftsreise und Uwe, der kleine Hase, war mit seiner Mama allein im Haus. Sie hatten eben gegessen und die Mama wusch das Geschirr ab. Da sagte Uwe: »Darf ich heute Abend den Abenteuerfilm sehen, Mama?«

»Ja, natürlich«, sagte die Mama. Der kleine Hase freute sich riesig. Der Film hieß »Die Bestien von Alaska« und war eigentlich eher ein Horrorfilm, also genau nach Uwes Geschmack! Der Abend kam, und gerade als der kleine Hase den Fernseher einschalten wollte, schaute seine Mama ins Programm und sah, dass der Film für Kinder nicht geeignet war. Selbstverständlich verbot sie Uwe, den Film anzuschauen.

»Du hast es mir versprochen!«, schrie der kleine Hase.

Dann verlegte er sich auf Bitten und Betteln, und als das auch nichts half, bekam er einen Wutanfall. Daraufhin schickte ihn Mama Hase auf sein Zimmer.

Uwe war tief gekränkt. Er heulte eine Weile, dann wurde er ruhig und fasste einen Entschluss. Er zog seine Stiefel und seinen Mantel an und schlich sich aus dem Haus. Er hatte auch eine Taschenlampe mitgenommen und kurz darauf stapfte er bereits durch den nächtlichen Wald talwärts. Uwe wollte weglaufen, einfach weg, egal wohin. Er wollte seinen eigenen Abenteuerfilm erleben.

Und das gelang ihm auch! Auf einem steilen Hang rutschte er aus und schlitterte weit ins Tal hinunter. Der Hase hatte sich nicht verletzt, aber er hatte seine Taschenlampe verloren. So ganz ohne Licht

wurde es ihm nun doch etwas mulmig. Er tastete sich an den Bäumen weiter und rutschte wieder aus. Als er so im Schnee saß, hörte er plötzlich ein Knacken im Wald und musste sofort an die Bestien von Alaska denken. Ob es hier auch Bestien gab? Wölfe oder Ungeheuer? Uwe bekam Angst. Er rappelte sich auf und lief, so schnell er konnte. Da stieß er an eine Holzhütte, in der Heu gelagert war. Die Tür war offen, und Uwe lief hinein und verkroch sich im Heu. Das rettete ihm das Leben, denn im Heu war es warm.

Eine Weile klopfte sein Herz ganz laut, dann beruhigte er sich und schlief ein. Am nächsten Morgen fand ihn die Katze Henrike, als sie Heu holen wollte. Sie machte Uwe ein kräftiges Frühstück, setzte ihn dann auf einen Schlitten und brachte ihn nach Hause. Als der kleine Hase seine Mama sah, machte er kurz wieder ein finsteres Gesicht, doch als sie die Arme ausbreitete, sprang Uwe vom Schlitten und lief ihr lachend entgegen.

Der vergessene Roboter

Eines Morgens, an einem milden Herbsttag, hörten die Tiere ungewöhnliche und beunruhigende Geräusche in ihrem Wald. Es piepste und pfiff, dann schepperte es blechern, dann hörten sie Schritte. Schritte von Schuhen, die irgendwie metallisch quietschten, und dann krachte es wieder. Die meisten der Tiere verkrochen sich noch tiefer in ihren Wohnhöhlen, als sie das hörten.

Nur drei Waldbewohner waren mutig genug, den Geräuschen nachzugehen. Die drei waren Waldemar, der Bär, Laurin, der Luchs, und Katinka, die Maus. Die Bäume als Deckung benutzend, schlichen sie sich näher. Und dann sahen sie ein kleines, eisernes Männchen! Es stieß diese merkwürdigen Geräusche aus und rannte dabei immer wieder gegen die Baumstämme, als ob es blind wäre. Der Bär, der Luchs und die Maus schauten ihm eine Weile verwundert zu. Schließlich fasste sich Katinka, die Maus, ein Herz und trat vor das Blechmännchen. »Grüß dich«, sagte sie. »Wer bist du denn? Warum läufst du gegen die Bäume? Kannst du nichts sehen?« Aber das Metallmännchen schien die Maus nicht zu verstehen. Es ging mit quietschenden Gelenken schnurstracks weiter. Hieronymus, der grüne Käfer, hatte von seinem Astloch aus ebenfalls alles beobachtet. Und Hieronymus kannte sich aus!

»Was macht ihr da!«, rief er hinunter. »Seht ihr denn nicht, dass das wieder so ein Roboter ist, den irgendwelche Außerirdischen hier vergessen haben? Seine Kopfantenne ist geknickt, deswegen hat er die Orientierung verloren. Bieg' sie ihm gerade, Waldemar, dann findet er

sicher nach Hause. Na los, mach schon, du wirst dich doch nicht vor einer Maschine fürchten.« Waldemar brummte verwundert. Dann trat er von hinten an den Roboter, hielt ihn fest und bog seine Antenne gerade. Der kleine Roboter hörte augenblicklich zu piepsen auf und rannte zielstrebig zur großen Lichtung mitten im Wald. Dort setzte er sich auf einen Baumstumpf und schien zu warten. Es wurde Abend und dann kam die Nacht. Als Katinka und der Bär am Morgen zur Lichtung gingen, war der kleine Roboter verschwunden. Seine Leute hatten ihn wohl mit dem Raumschiff abgeholt ...

Die Dampfwalze

Die Pyramiden in Ägypten mussten renoviert werden. Wind und Sonne hatten die Steine brüchig gemacht, und Hunderttausende von Touristen hatten sich im Lauf der Jahre so viele Andenkensplitter und Bröckchen von den Pyramiden heruntergekratzt und mit nach Hause genommen, dass die riesigen Bauwerke deutlich geschrumpft waren. Die Regierung stellte ein Heer von Bauarbeitern an; hohe Kräne und Baumaschinen aller Art und Größe wurden herbeigeschafft, um die Pyramiden wieder auf die ursprüngliche Größe zu bringen.

Balduin Nashorn war ein gewöhnlicher Steineklopfer. Er und viele andere machten aus runden Steinen eckige Steine. Tagaus, tagein meißelten sie Ecken und Kanten in die großen Steine. Das war sehr langweilig und anstrengend, wie man sich denken kann. Viel lieber wäre Balduin Kranführer oder Baggerfahrer gewesen.

Seine ganze große Liebe und Sehnsucht galt aber den Dampfwalzen! Wie diese wundervollen, schweren Fahrzeuge dampften und schnauften und was für schöne Straßen man mit ihnen durch den Sand machen konnte!

Balduin Nashorn war richtig verliebt in Dampfwalzen. Eine orangefarbene mit Sonnendach und eingebauter Umkleidekabine hatte es ihm besonders angetan. Aber alle Dampfwalzen hatten schon ihre Fahrer und Balduin Nashorn besaß außerdem keinen Dampfwalzenführerschein. Was blieb ihm anderes übrig, als diese Dampfwalze eines Nachts zu stehlen? Die Liebe war zu groß geworden. Balduin

entführte die schöne Dampfwalze und verschwand mit ihr auf Nimmerwiedersehen in der weiten Wüste.

Schnurgerade Straßen bahnte Balduin durch den Wüstensand, von einem Ende der Wüste bis zum anderen, Tausende von Kilometern lang. Zwar wehte der Wind seine Straßen innerhalb von wenigen Tagen wieder zu, doch das machte Balduin Nashorn nichts aus. Ihm ging es um das Dampfwalzenfahren an sich. Es machte ihm einfach einen Riesenspaß, das war alles.

Vielleicht fährt er heute noch? Wenn du einmal in die Wüste kommst und eine orangefarbene Dampfwalze siehst – das ist er, der Balduin Nashorn, ganz bestimmt!

Das Grammofon im Wald

Eines Tages fanden zwei Mäuse auf der Waldlichtung nahe beim See ein blaues Sofa und ein komisches Gerät. Einen Holzkasten mit einem golden glänzenden Metalltrichter darauf.

Was war denn das für ein Ding? Wozu sollte das gut sein? Und wem gehörte es? Die Mäuse blickten um sich und schnupperten, aber es war niemand zu sehen und zu riechen. Das fremdartige Ding sah irgendwie lustig aus. Die Mäuse kamen näher und betasteten es überall. An der einen Seite des Kastens entdeckte die graue Maus eine kleine Kurbel. Sie drehte an der Kurbel und plötzlich begann sich die Platte auf dem Kasten ebenfalls zu drehen und aus dem Trichter scholl eine laute menschliche Stimme.

Die zwei Mäuse schrien auf und rannten davon. Sie liefen tief in den Wald hinein, bis die Stimme aus dem Trichter nur noch leise zu hören war. Nun merkten die Mäuse erst, dass die Stimme ein Lied sang. Sie horchten eine Weile, und als sie sich ganz beruhigt hatten, gefiel ihnen die Stimme aus dem Trichter mehr und mehr. Doch mit einem Mal verstummte der unsichtbare Sänger. Die Mäuse berieten, was sie tun sollten, ob sie noch einmal zu der Lichtung gehen sollten. Die graue Maus war dafür. Sie wollte noch einmal an der kleinen Kurbel drehen. Aber die braune Maus traute sich nicht. Ihr war das Ding auf der Lichtung doch zu unheimlich.

Den ganzen Tag dachten sie an das Ding auf der Lichtung. Sie waren hin und hergerissen zwischen Furcht und Neugierde. Es war schon später Nachmittag, da hörten die zwei Mäuse plötzlich wieder die

Stimme aus dem Gerät. Sie sang diesmal etwas anderes. Nun wurden die Mäuse so neugierig, dass sie ihre Furcht überwanden und leise zu der Lichtung schlichen. Dort sahen sie folgende Szene: Ein Eichhörnchen lag auf dem Baumstumpf vor dem Trichter und lauschte hingebungsvoll der Musik. Auf dem blauen Sofa aber saßen drei Katzen. Die Musik hatte sie ganz in ihren Bann gezogen. Als die Platte zu Ende gespielt war, legte das Eichhörnchen eine neue auf. So ging das stundenlang. Niemand sprach ein Wort, alle waren von der Musik verzaubert.

Das Grammofon gehörte wahrscheinlich dem Bewohner des Hauses auf der anderen Seite des Sees. Vielleicht hatte er es vergessen, vielleicht saß er auch an einem der Fenster des Hauses und beobachtete voller Vergnügen die Gesellschaft, die sich um sein Grammophon versammelt hatte ...

Der alte Papagei

Zacharias, ein alter Papagei, lebte seit vielen Jahren bei einem alten Mann in einer Stadt. Eines Tages starb der alte Mann. Zacharias wollte nicht ins Tierheim, er wollte in der Wohnung des alten Mannes bleiben. Doch dann kamen die Verwandten des alten Mannes und trugen die Möbel fort. Zacharias saß versteckt hinter dem Kachelofen.

Als die Leute weg waren, sah es in der Wohnung recht trostlos aus. Und bald würde ein neuer Mieter einziehen. Schweren Herzens beschloss Zacharias auszuwandern. Die Verwandten hatten viele Dinge, die sie nicht gebrauchen konnten, in einer Ecke des Zimmers auf einen Haufen geworfen. Darunter befanden sich auch die Lieblingsbücher des alten Mannes. Daraus hatte er Zacharias oft vorgelesen.

Der alte Papagei machte ein Bündel aus den Büchern. Da er nicht mehr fliegen konnte und draußen Schnee lag, brauchte er Schuhe zum Anziehen. Unter dem Gerümpel fand er einen Schuh und einen Stiefel. Zacharias schlüpfte hinein. Im Vorzimmer, auf dem Kleiderhaken, hing noch ein Hut seines Herrn. Den setzte er sich auf. Dann verließ er die leere Wohnung.

Es war Nacht und bitterkalt, als Zacharias durch die leeren Straßen der Stadt wanderte. Alle Fenster und Türen waren verschlossen. Der Wind heulte und der einsame Papagei stapfte durch den Schnee aufs Land hinaus. Er übernachtete in einer zugigen Scheune. Am Morgen setzte er hungrig und frierend seinen Weg fort. Wohin er gehen sollte, wusste er nicht. Er kannte ja niemanden. Immer langsamer wurden

seine Schritte, immer müder wurde der alte Vogel. Plötzlich stand Zacharias vor einem Weidenbaumhaus! Licht brannte im Fenster, und eine Eule und eine Maus schauten heraus.

Als die Maus und die Eule den frierenden Papagei sahen, nahmen sie ihn sofort in ihrem mollig warmen Baumhaus auf. Dort blieb Zacharias den ganzen Winter lang und noch viel länger. Er las der Maus und der Eule aus den Büchern vor und sie verlebten eine schöne Zeit.

Guido Wanderratte

Guido Wanderratte hatte ein, im wahrsten Sinn des Wortes, bewegtes Leben hinter sich. Geboren wurde er auf einem Dampfer, mitten auf dem Meer. Guido war noch keine drei Wochen alt, als der Dampfer in einem Sturm sank. Guido konnte sich als Einziger auf einer schwimmenden Planke retten. Die Planke trieb nach vielen Tagen in einen Hafen, und Guido lebte nun ein paar Monate in den Lagerschuppen am Hafen. Hier lernte er andere Ratten kennen und schloss viele Freundschaften. Aber auch Katzen gab es am Hafen, und mit diesen Freundschaft zu schließen war leider unmöglich.

Die Katzen machten den Hafenratten das Leben sauer, und schließlich bestiegen Guido und eine andere Ratte einen Güterzug und fuhren ins Landesinnere. Ein ganzes Jahr lang fuhren sie so umher. Zwischendurch stiegen sie an einsamen Bahnhöfen ab und lebten eine Weile in den Bahnhofslagerhäusern, wo es immer gutes Futter gab. Dann trennten sich Guido und sein Gefährte, und Guido quartierte sich in einem Bauernhof ein. Leider gab es auch dort Katzen und er musste bald weiterziehen. Er wanderte übers Land, übernachtete in Heuschobern und Scheunen, machte Bekanntschaft mit freundlichen Feldmäusen und lernte viele andere Tiere kennen. Als der Winter kam, übersiedelte Guido Wanderratte in die Stadt, zu den Kanalratten. Doch in den Kanälen war es ihm zu finster und er fand bald darauf Unterschlupf in einem gut geheizten Supermarkt. Hier fühlte sich Guido sehr wohl. Zu essen gab es genug, aber wirklichen Frieden fand er auch hier nicht. Jetzt waren die Menschen seine Feinde und

die waren beinahe noch ärger als die Katzen. Sie legten heimtückische Giftköder aus und einmal wäre Guido beinahe daran gestorben.

Die nächste Station in seinem unruhigen Leben war eine Katzenfutterfabrik. Hier lebte Guido einen ganzen Sommer lang. Seltsamerweise gab es in der Fabrik keine einzige Katze und auch die Menschen ließen ihn in Ruhe, da sie mit ihrer Arbeit viel zu beschäftigt waren. Störend war nur der Lärm der großen Maschinen und auch mit der Ernährung war Guido auf die Dauer nicht zufrieden. Er musste ja immerzu Katzenfutter essen und das hatte er bald satt.

Im September verließ Guido die Fabrik und wanderte ins Gebirge hinauf. Hier war es nun wirklich still und friedlich, und Guido beschloss, den Winter in den Bergen zu verbringen. Er fand ein verlassenes Häuschen und zog ein. Guido sammelte Nüsse und Wurzeln als Wintervorrat, Brennholz gab es auch genug, und so verbrachte er einen stillen, angenehmen Winter in dem kleinen Haus. Doch im April passierte ein neues Unglück! Guido war eingenickt und hatte eine brennende Kerze im Schlaf umgestoßen. Das Haus ging sofort in Flammen auf. Guido erwachte von dem beißenden Qualm. Er konnte gerade noch das Notwendigste zusammenpacken und das Haus verlassen. Da wanderte er wieder.

Die Tigerseepferdchen

Zwei kleine Bären fuhren mit ihrem roten Unterseeboot durch das Meer. Leise und gleichmäßig schnurrte der Motor des kleinen U-Bootes. Die Bären hießen Björn und Pieter. Das U-Boot hatten sie von ihrem Großvater geschenkt bekommen, der ein bekannter Meeresforscher gewesen war. Björn und Pieter hatten schon mindestens zwanzig solcher Unterwasserfahrten unternommen, sie kannten sich aus. Das alte U-Boot hatte immer klaglos funktioniert.

Bei dieser Fahrt aber passierte etwas! Als die Bären gerade durch ein Unterwassergebirge fuhren, verstummte plötzlich der Motor und das U-Boot sank sanft auf den Grund des Meeres. Aus, kein Antrieb mehr.

Stille ringsum.

Die beiden Bären sahen sich an. »Was tun wir nun?«, fragte Björn. Dann fiel ihnen ein, dass sie auch keine Taucherausrüstungen mitgenommen hatten, und es wurde ihnen angst und bange.

Ganz in der Nähe, in einem Schloss auf einem Berg, lebte Celibar, der kleine Wassermann. Er hatte das rote U-Boot gesehen und schwamm zu den beiden unglücklichen Bären hinunter.

»Kannst du uns hören?«, rief Pieter.

Der Wassermann nickte.

»Unser Motor ist abgestorben!«, rief der Bär. »Wir wissen nicht, wie wir wieder an die Oberfläche kommen sollen. Kannst du uns helfen?«

Celibar nickte. Er schwamm weg und kam nach kurzer Zeit mit drei starken Tigerseepferdchen zurück. Der Wassermann spannte die Pferdchen an das Unterseeboot und sagte ihnen, sie sollten es nach oben

ziehen. Während die Seepferdchen das U-Boot abschleppten, sprang plötzlich wieder der Motor an! Björn und Pieter waren gerettet. Der kleine Wassermann schwamm ihnen nach und spannte die Seepferdchen aus, die sofort lustig davontanzten. »Besucht mich wieder!«, rief Celibar den beiden Bären zu und deutete auf sein Unterwasserschloss. Bei ihrer nächsten Tauchfahrt nahmen Björn und Pieter dann Taucheranzüge mit, um das U-Boot verlassen zu können und das Schloss des Wassermanns von innen zu besichtigen ...

Das Zauberstachelschwein

Die beiden Katzen Lora und Valerie besaßen einen schönen rot-gelben Heißluftballon. Wenn das Wetter günstig war, machten sie lange Fahrten über die Ebene. Günstig heißt: Es darf für eine Ballonfahrt nicht zu heiß und nicht zu kalt sein, es darf kein zu starker Wind wehen, und vor allem darf kein Gewitter kommen, denn so ein Ballon ist ein empfindliches Fluggefährt, das leicht abstürzen kann. Doch Lora und Valerie waren erfahrene Pilotinnen.

Nur ein einziges Mal kamen sie in Bedrängnis. Sie waren an einem wunderschönen, milden Frühlingstag in den Himmel aufgestiegen und bereits zwei Stunden unterwegs, als sie merkten, dass ein Gewitter heranzog. Der Himmel wurde immer dunkler. Lora und Valerie hielten nach einem guten Landeplatz Ausschau, da erfasste sie plötzlich eine starke Luftströmung und riss den Ballon mit sich fort. Der Korb schaukelte wild, und die beiden Katzen hatten alle Pfoten voll zu tun, sich festzuhalten.

Auf einmal sahen sie ein Stachelschwein in einem gewöhnlichen Wäschekorb auf sich zufliegen. In der Nähe des Ballons hielt der Wäschekorb mitten in der Luft an und das Stachelschwein rief: »Habt keine Angst!« Es flog unter den Ballonkorb, packte den Anker und zog den Heißluftballon zur Erde hinunter. Im Hof eines kleinen Schlosses landeten sie, und das Stachelschwein band den Korb am Brunnen fest.

Gerade noch rechtzeitig! Denn schon prasselte der Regen nieder, und es blitzte und donnerte. Die beiden Katzen kletterten aus ihrem Korb und folgten dem Stachelschwein in das Schloss. Die ganze Zeit

waren Lora und Valerie vor Staunen stumm gewesen. Nun aber bestürmten sie das Stachelschwein mit Fragen über den fliegenden Wäschekorb. Das Stachelschwein lächelte. »Ich kann natürlich zaubern!«, sagte es. »Mein Korb braucht keinen Ballon, der fliegt auch so. Wenn ihr wollt, verzaubere ich euren Ballonkorb ebenfalls, dann könnt ihr nie mehr in Schwierigkeiten kommen!«

Selbstverständlich waren Lora und Valerie damit einverstanden. Seither besitzen sie den sichersten Heißluftballon der Welt!

Wenzel-Bär und Weihnachten

Wenzel, der Bär, hatte beschlossen, den kommenden Winter im Tal zu verbringen. Vergangenen Winter war er in seiner Höhle, hoch oben in den Bergen, gewesen und hatte unter der Einsamkeit dort oben sehr gelitten. Bären lieben zwar die Berge und die tiefen Höhlen unter den mächtigen Felsen, aber Wenzel hatte gern Gesellschaft. Im Sommer hatte Wenzel im Nadelwald eine andere Höhle gegraben. Sie war recht behaglich. Moos wuchs ringsum und vor allem wohnten viele Tiere im Wald. Nun war es Dezember geworden. Zwei Tage vor dem Heiligen Abend hatte es zu schneien begonnen. Wenzel-Bär machte in seiner Höhle einige Pakete für seine Freunde. Es waren nur Kleinigkeiten, die er einpackte, aber sie kamen von Herzen und das ist ja das Wichtigste beim Schenken.

Am Abend des 24. Dezembers bepackte sich Wenzel mit all den Paketen und zog los. Zuerst ging er zu den Kaninchen. Leider passte er in ihre Höhle nicht hinein. Aber das wollte Wenzel auch gar nicht. Er ließ die Pakete in den Bau hinunterrutschen, rief noch »Fröhliche Weihnachten!« hinterher und ging dann zu Gustav Bisamratte. Der Teich, in dem Gustavs Haus stand, war zugefroren, sodass Wenzel kein Boot benutzen musste. In Gustavs Haus passte der große Bär zwar ebenfalls nicht hinein, doch Gustav schlang sich einen warmen Künstlerschal um den Hals und kam heraus. In der Hand trug er eine Flasche Slibowitz und zwei Gläser. »Fröhliche Weihnachten, Wenzel!«, rief er gut gelaunt. »Hier, trink einen Schluck Schnaps, der wärmt!«

»Fröhliche Weihnachten auch dir, lieber Gustav!«, sagte Wenzel-Bär. »Eine Bärenkälte ist das. Vielleicht schneit es heute noch? Wie steht's mit deinem Roman, du Schriftsteller? Ist er ein Bestseller geworden?«

»Kann noch nichts sagen«, sagte Gustav. »Er wird eben gedruckt. Aber inzwischen habe ich schon wieder ein neues Buch angefangen. Eine Detektivgeschichte. Du kommst auch drin vor, Wenzel!«

»Oh, ich bedanke mich für die große Ehre!«, sagte Wenzel-Bär und verbeugte sich. So plauderten sie noch eine Weile und schließlich verabschiedeten sie sich mit den besten Wünschen.

Wenzel ging in den Wald zurück. Ein Paket hatte er noch abzugeben. Nämlich an seine nächsten Nachbarn, zwei kleine Eichhörnchen. Der Schnee knirschte unter Wenzels breiten Füßen. Der Himmel wölbte sich dunkel über ihm. Ja, es war wirklich Weihnachten!

Als Wenzel durch den Wald ging, begann es zu schneien. In dicken, pelzigen Flocken fiel der Schnee zur Erde. Die zwei Eichhörnchen wohnten in einer hohen Fichte. Wenzel fand ihre Wohnung leicht. Sie hatten nämlich eine Kerze auf einen Ast gestellt und angezündet.

»Hallo!«, rief Wenzel hinauf. »Fröhliche Weihnachten! Ich habe euch ein Paket mit Dörrpflaumen mitgebracht. Mögt ihr die?«

»Ja, sehr!«, riefen die Eichhörnchen. »Hier, Wenzel, von uns kriegst du einige Nüsse. Fröhliche Weihnachten!«

© Hans Wetzelsdorfer

Erwin Moser

Erwin Moser, 1954 in Wien geboren und 2017 dort verstorben, aufgewachsen im Burgenland, absolvierte eine Ausbildung zum Schriftsetzer. Die Liebe zum Fabulieren und das Zeichnen hat er früh für sich entdeckt, wie er berichtet: »In der Schule war ich im Zeichenunterricht längst schon aufgefallen. Was ich in Mathematik verpatzte, versuchte ich in den Zeichenstunden auszubügeln. Einmal erwischte mich der Mathelehrer wie ich in der Geometriestunde anstatt Würfel oder solchem Zeug eine Horde reitender Indianer zeichnete. Der war vielleicht wütend! ›Das kann er!‹, hat er geschrien. ›Aber davon kann man nicht leben, Moser!‹«

Dass man sehr wohl vom Zeichnen und vom Geschichtenerfinden leben kann, beweist Erwin Moser nun schon seit vielen Jahren. Seine Bücher standen auf der Auswahlliste zum Deutschen Jugendliteraturpreis, er wurde mit dem japanischen Owl-Preis ausgezeichnet und erhielt den Rattenfänger-Literaturpreis der Stadt Hameln. Seine Geschichten und Bilder gehören heute zum Kanon der Kinderliteratur. 2014 wurde in seinem Heimatort Gols das Erwin Moser Museum (www.erwinmoser.at) eröffnet.

Gute-Nacht-Geschichten aus Erwin Mosers fabelhafter Welt

Erwin Mosers

Fantastische Gute-Nacht-Geschichten

Mit farbigen Bildern
Gebunden, 240 Seiten (79987), ab 4

Katzen und Mäuse, Tiger, Kängurus und viele andere große und kleine Helden erleben tollkühne Abenteuer und echte Freundschaften, erfinden außergewöhnliche Gefährte und seltsame Gerätschaften, bereisen die Wüste, das Meer und sogar das Weltall.

Geschichten zum Schmunzeln und Wundern, Bilder zum Staunen und Entdecken – zum Vorlesen, Zuhören und Weiterträumen.